KB266775

이렇게 운동해야 성적 오른다

손준구 지음

공부 덜해도
성적 올리는
기적의 솔루션

1

이렇게 운동해야 성적 오른다

MIRACLE SOLUTIONS

어떤 운동을
언제, 어떡해야
학교성적이 오를까?

Which exercise, when, and how to
improve school grades?

유산소운동이 좋을까?
근력운동이 좋을까?
아니면 또 다른 운동?

공부 전 운동이 좋을까?
공부 후 운동이 좋을까?

몇 분간 운동해야
공부머리가 형성되고,
또 지속될까?

바른북스

프롤로그

PROLOGUE

사진출처: Unsplash(2024)

체력은 건강한 신체를 위한 가장 중요한 열쇠일 뿐 아니라, 역동적이고 창의적인 지적 활동을 위한 기초입니다. 신체의 건강과 정신활동의 관계는 미묘하고 복잡해요. 아직은 많은 것들이 이해되지 않았죠. 그러나 고대 그리스인들이 알고 있던 것들을 우리도 알고 있죠. 지성과 기술은 신체가 건강하고 튼튼할 때 최대역량을 발휘할 수 있단 것을, 또 강인한 정신과 마음을 지녀야 건전한 신의 가호가 함께한단 것도.

Physical fitness is not only one of the most important keys to a healthy body, it is the basis of dynamic and creative intellectual activity. **The relationship between the soundness of the body and the activities of the mind is subtle and complex. Much is not yet understood. But we do know what the Greeks knew: that intelligence and skill can only function at the peak of their capacity when the body is healthy and strong; that hardy spirits and tough minds usually inhabit sound gods.**

- John F. Kennedy -

in Sport at the New Frontier: The Soft American.
Sports Illustrated, 13(26), 14-17, Dec. 26, 1960.

"운동하면 학교성적이 정말 오를까요?"

　　　　카페에서든 특강에서든 제게 묻는 단골질문이에요. 질문하시는 분들의 사정은 대개 이래요. "유치원생 아들놈이 집중을 못 해요, 집중을." "우리 앤 중학생인데 까마귀고길 먹는지 방금 공부하곤 깜빡깜빡." "저희 앤 고2예요. 죽어라 공부해도 그닥 성과가 없어서…." 나이 지긋하신 학조부모님도 30~40대 부모님 못지않게 열정이 크세요. 해서, 운동이 성적향상에 정말 도움이 되는지, 왜 그런지, 뭘 어떡해야 좋은지 묻고 또 묻고…. 언젠가 일간지에 실린 제 칼럼을 들고 오신 백발의 학조부모님이 기억나요. 그분께선 이러셨어요.

교수님 말씀대로 운동해서 학교성적이 오른다면 얼마나 좋겠어요. 손주는 많이 놀아 좋고. 또 건강해져 더 좋고. 부모는 애들이 짜증 안 부려 좋고. 학원비 아끼니 또 고맙고.

몇 해 전 교장퇴임을 하셨다는 그 학조부모님의 간절한 그 소망은 제가 이 책을 쓴 '완전 찐 목적'이에요(·∧-)ゞ.

운동하니 학교성적 뚝뚝 떨어져

어느 특강에서도 "운동하면 학교성적이 정말 오를까요?"란 질문을 받았어요. 그날은 제가 "그럴 수도, 아닐 수도 있죠(Maybe, maybe not)."라고 답했죠. 제 답변이 어정쩡하니 많이들 당황하셨어요. 그때 어느 중학생 엄마께서 툭 던지셨어요.

울 아들놈은 운동하니 성적이 뚝뚝 떨어지던데…(╥﹏╥).

순간 모두들 '까르르' 한바탕 웃곤 '웅성웅성' 술렁였어요. 그리곤 잠잠히 저를 바라보셨죠. 제가 뭐라 답할지 궁금하셨던 거죠.

　　　　요즘 방송이나 책에서 운동이 학교성적을 올려준단 얘길 종종 해요. 하버드의대 레이티(Ratey, J.) 교수 등(2008) 덕에 이 분야에 관심이 커졌죠. 그들은 스파크: 운동과 뇌의 혁명적인 새로운 과학(Spark: The Revolutionary New Science of Exercise and the Brain)이란 책을 냈죠. 이 책은 몇 해 전 'KBS 생로병사의 비밀'을 통해 세간의 주목을 톡톡히 받았어요. 특히 학교에선 "0교시 체육이 학교성적 올려준다."는 그들의 주장을 금과옥조로 삼았어요. 해서, 이른 아침마다 운동장에 전교생을 양떼마냥 풀어놓고 우르르 달리게 해요. 학교마다 질세라 앞다퉈 시행하는 0교시 체육. 예전엔 없던 진풍경이에요. 그런데요. "운동이 자녀의 성적향상에 그닥 도움이 안 됐다."는 학부모님들도 꽤 많아요. 왜 그럴까요.

운동, 잘못하면 뇌 기능 망가져

사실, 최근 "운동의 성적향상효과는 없다."는 연구결과들도 많고(이를테면, Aadland 등, 2017; James 등, 2023; Rasberry 등, 2011 외 다수), "운동이 공부를 돕기는커녕 뇌 인지기능을 손상시켰다."며 경고하는 섬뜩한 연구들도 있으며(Dietrich 등, 2011; Komiyama 등, 2020; Lloreda, 2023; Stone 등, 2020), "운동이 논리적 사고와 집중력 저하 등 학습장애를 초래한다."는 우려들도 커요(Basso 등, 2017; Davis 등, 2019; McLoughlin 등, 2021; Murrar 등, 2019; Reigal 등, 2020). 이러니 "운동이 아들놈 성적을 더 떨어뜨렸다."는 그 어머님의 볼멘소리가 틀린 건 아니죠. 0교시 체육에 시큰둥하신 학부모님들의 심정도 공감하고요. 해서, 저는 "운동하면 학교성적이 오르는가."란 질문에 "그럴 수도, 아닐 수도."라고 답변드릴 수밖에요. '케바케(Case by case)'인 거죠.

"어떤 운동이 학교성적 올려줄까요?"

운동은 '좋은 운을 일으킨다'는 뜻

그럼, 질문을 이렇게 바꿔볼까요. "운동하면 학교성적이 정말 오를까?"라는 질문 대신에 "어떤 운동이 학교성적을 올려줄까."로요. 이런 질문이라면 제 답변도 분명해져요. '좋은 기운'을 일으키는 '좋은 운동'을 하면 확실히 학교성적이 올라요. 공부랑 담쌓은 애만 아니라면요(≥∇≤). 그럼, '좋은 기운'과 '좋은 운동'은 뭘까요. 아주 쉬운 얘기예요. 운동의 원뜻에 관한 얘기죠. 저는 이 운동의 본질을 캐다 보니 40년 세월이 훌쩍 흘렀어요. 그간 나름 열심히 운동도 연구도 강의도 했죠. 해서, "운동이란 무엇인가?"란 질문에 답할 수 있게 됐어요. 이렇게요.

운동은 '움직일 운(運), 움직일 동(動)'을 쓴다. 움직이는 게 곧 운동이다. 하지만 '운(運)'이란 글자는 영어의 '포춘(fortune, 운명)'이란 뜻도 있다. 운수나 기운 등에도 이 '운' 자를 쓴다. 내가 생각하는 운동은 단순히 '움직이는 것'이 아니다. '운을 움직이는 것' 혹은 '운을 불러일으키는 것'이 운동이다. '운'에는 '좋은 운'이 있고, '나쁜 운'도 있다. 좋은 운동을 하면 '좋은 운'이, 나쁜 운동을 하면 '나쁜 운'이 생긴다. 내가 추구하는 운동은 당연히 '좋은 운'이다. 행운이고, 좋은 기운이다. 좋은 운동은 스포츠의 원뜻대로 '기분을 좋게 만드는 심신활동'이다.

운동은 영어로 엑서사이즈(exercise), 게임(game), 에슬레틱스(athletics) 등 다양하게 표현해요. 물론, '스포츠(sports)'란 용어가 가장 널리 쓰이죠. 스포츠는 '데스뽀르(desport)'란 고대 프랑스 말에서 생겼어요. '기분을 좋게 만드는 심신활동'이란 뜻이죠. 스포츠의 원뜻은 남과 다투는 운동경기가 아니에요. 스포츠는 여가시간에 기분전환을 위해 즐기는 신체놀이나 정신수양인 거죠.

운동의 좋은 기운과 나쁜 기운

좋은 기운과 나쁜 기운을 불러일으킨 예를 하나씩만 확 줄여볼게요. '좋은 기운을 일으킨 예'는 '핑퐁외교'예요. 한국전쟁으로 앙숙이던 미국과 중국이 탁구로 화해한 경우죠. 당시 미국은 북한을 돕던 중국을 침략국으로 규정했어요. 모든 외교도 끊어버렸고요. 그 후 닉슨 대통령은 중국과 화해하길 원했죠. 마침 중국도 소련과 불편한 관계였어요. 미국이 내민 손을 매몰차게 뿌리칠 처지가 아니었죠. 하지만 엊그제까지 총칼 들고 싸웠던 터라 감정의 골은 남아 있었죠. 하여, 먼저 탁구로 외교정책을 폈죠. 친선경기를 한 거죠. 그 화해무드를 타고 닉슨과 키신저가 북경에 들러 공식 수교 했죠. '나쁜 기운을 일으킨 예'는 '축구전쟁'이에요. 엘살바도르와 온두라스의 얘깁니다. 평소 두 나라는 국경지역 불법농민들로 갈등이 컸죠. 그러던 중 멕시코월드컵 예선전이 열렸어요. 1차전은 엘살바도르가 1 대 0으로 패했고, 2차전은 온두라스가 3 대 0으로 완패했죠. 이때 두 나라 응원단의 난투극이 생겼어요. 각국 방송국들도 그 싸움을 부추겼죠. 3차전은 경기랄 수 없었죠. 잔혹한 격투기였어요. 그 싸움에서 온두라스가 3 대 2로 패하고 말았죠. 온두라스 시민들은 격분했죠. 그리곤 엘살바도르 시민들을 무참히 죽였어요. 결국 두 나라는 전쟁을 벌였고, 수천 명이 사망했죠. 불은 잘 쓰면 이롭고 잘 못 쓰면 해로워요. 운동도 꼭 그래요. 만일, 미국과 중국이 탁구경기에서 기를 쓰며 서로 이기려 들었다면 화해와 수교가 가능했을까요. 또 엘살바도르와 온두라스가 친선경기를 했더라면 그 참담한 전쟁이 발발했을까요.

우리가 알고 있는 대부분의 운동들은 확실히 '좋은 기운'을 일으키는 행복활동입니다. 경기로서 스포츠만 해도 그 기운은 어마어마해요. 우선, 집단 응집력을 키우는 데 이만한 게 없죠. 올림픽경기나 월드컵축구를 상상해 볼까요. 온 국민의 마음을 하나로 모으고 뜨거운 애국심마저 갖게 했던 그 경기들을. 경기로서 스포츠는 명실공히 국위선양과 국가발전의 일등공신이랄 수 있죠. 이를테면, 88올림픽은 우리나라가 선진경제를 이루는 발판이 됐어요. 이를 입증할 확실한 경제지표들이 꽤 많아요. 이뿐인가요. 경기스포츠는 개인체력을 길러줘 국력의 근간이 돼요. 또 어려움을 극복해 내는 투지, 협동과 질서 등의 단체정신, 승리로 얻은 성취감과 자긍심 같은 '좋은 기운'도 운동이 주는 값진 선물이죠. 경기스포츠예찬론을 감히 이 책 한 권에 담을 순 없어요. 그러나 경기로서 스포츠는 자칫 승리제일주의에 젖게 해요. 금메달만이 최고목표인 치열한 경쟁. 어떻게든 상대를 이겨야 내가 사는 전투적 게임. 이런 거로 변질되기도 해요. 지나친 경쟁은 잔인한 공격성, 억울한 느낌, 분노, 좌절감 등의 앙금을 남겨요. 건강에도 공부에도 좋을 리 없죠.

운동이 만든 기적의 선물꾸러미

그런데 매우 흥미로운 사실은요. 좋은 운동은 '공부목적'이 아니어도 학교성적향상을 돕는단 거예요. '운동이 만든 기적의 선물'이랄까요. 제가 직접 체험했던 세 가지 사례들을 짧게 말씀드릴게요.

첫 번째 사례는 '행복가족 체조페스티벌'이에요. 저는 우리나라 가정들의 화목과 소통을 빌며 이 행사를 운영해 왔어요. 운동기량 겨루기대회가 아니었어요. 그러니 경기가 아니라 페스티벌이었죠. 효과는 꽤 좋았어요. 참여가족들은 매년 이렇게 말씀하셨죠.

가족끼리 처음엔 어색했는데 더 소통하게 됐죠.
훨씬 더 화목해졌어요. 덕분에 행복해요.
웬일인지 우리 애, 학교성적이 자꾸 올라요(≥□≤).

이 페스티벌은 첫 해 부산에서만 열었어요. 그러다 해마다 규모가 커졌죠. 입소문과 방송 덕에 전국 여러 지역은 물론, 일본에서도 건너와 함께했어요.

두 번째 사례는 미국의 대학(University of North Carolina at Greensboro: UNCG)의 '스포츠 인성교육(Project-Effort)'입니다(손준구, 2004). 이 교육엔 학교와 지역사회에서 반사회적 행동을 일삼는 문제아동들이 참여해요. 주로 흑인과 히스패닉이죠. 이 티칭경험도 제겐 값진 자산입니다. 교육효과가 꽤 커요. 학기마다 교육을 마치면 평가회를 열죠. 그때 학부모님들과 선생님들의 찬사가 쏟아집니다.

어매이징 그레이스~♫, 우리 아이가 달라졌어요.
기대 않던 학교성적까지 이렇게나 오르다니….

　　　　세 번째 사례는 월드비전(World Vision)의 '체인지교육(體人智 敎育)'이에요. 저는 10여 년 전부터 세계구호단체인 월드비전과 함께 마음 다친 아이들을 돌봐왔어요. 체인지교육도 그 일환이었죠(손준구, 2023). 제가 이 교육을 창안했던 건 그 애들의 마음을 다독이고 자긍심을 길러주고 싶어서였어요. 해가 갈수록 효과는 점점 커졌어요. 참여아동들은 모두 밝게 자라났죠. 모두 학교성적도 올랐고요. 더욱이 깜짝 놀랄 은혜로운 일도 생겼어요. 참여아동의 가족 중 오랫동안 은둔생활 하던 엄마가 계셨어요. 어느 날 그녀는 도대체 어떤 교육이 딸애를 변화시켰는지 궁금하셨대요. 그래서 슬며시 체인지교육을 참관했죠. 깔깔대며 친구들과 어울리는 딸애를 지켜보는 내내 흐느꼈던 그녀.

딸애의 저 밝은 모습을 본 게 얼마만인지….

　　　그날부터 그녀는 달라졌어요. 은둔생활을 털었죠. 요즘엔 마트에 기쁜 맘으로 출근하십니다. 그 기적 같은 고마움이 지금도 제 맘에 남아 있죠. 따뜻하고 뿌듯하게.

　　　거듭 말씀드리지만, '좋은 운동'은 '좋은 기운'을 일으켜요. 행복가족 체조페스티벌, 미국의 스포츠 인성교육, 그리고 월드비전의 체인지교육처럼…. 이런 게 '선한 영향력'이 아닐까요(손준구, 2024b). 세 사례 모두 '학교성적향상'을 결코 의도하진 않았어요. '인성 또는 가족행복'이 목적이었으니. 그런데 신통방통하게도 그 애들은 모두 학교성적이 올랐어요. 그저 '좋은 기운을 불러일으키는 좋은 운동'을 했을 뿐인데…. "누가 이겼는가." "누구 때문에 졌는가." 이런 갈등과 패배감을 일으키는 운동이 아니었죠. 그 애들은 그저 '너와 내가 한마음 되는 활동', '함께 과제를 해결하는 즐거운 활동'을 했을 뿐이에요. 앞에서 말씀드린 '운동의 원뜻'에 따랐던 거죠.

해서, 저는 어느 새벽에 곰곰이 이런 생각을 해봤어요.

'만일 그 세 가지 사례에서 공부머리와 공부마음 형성에 유용한 운동들을 선정했다면 어찌 됐을까. 게다가 성적향상을 위한 전문적 교수-학습방략까지 적용했다면 어찌 됐을까.'

네, 그랬더라면 그 애들의 학교성적은 깜짝 놀랄 만큼 향상됐을 거라 확신해요. 그 애들의 인성과 정서에 기적 같은 큰 변화를 보였던 것처럼요.

"이운성 교수님, '이.운.성'이 뭐죠?"

이미 아셨겠지만, '이운성'은 '이렇게 운동해야 성적 오른다.'는 뜻이에요. 여기에서 성적은 학교성적은 물론, 각종 시험성적도 다 해당되죠. 저와 초면이신 분들은 물론, 지인들조차 '손준구'라는 제 이름을 놔두고 '이운성'으로 부르시기도 해요. 많은 이들의 부르심대로 살아가는 것도 고마운 삶이죠. '운성'이라…. 부르시는 분들께 '좋은 운'과 '성공'이 깃드시길요٩(ᐛ*)و.

이렇게 운동해야 학교성적 오른다

그동안 국내외 이 분야 서적들은 '운동의 두뇌계발 효과'를 알리는 데 기여했어요. 그러나 대개 몇몇 의학연구결과에 근거해 단편적으로 소개했단 게 아쉽죠. 이를테면, 앞에서 말씀드렸듯이 운동이 공부머리 형성에 매우 유익하단 연구들이 많아요. 그러나 그 효과가 없단 연구들도, 오히려 뇌 인지기능을 망가뜨리거나 학습장애를 일으킨단 결과들도 있어요. 사정이 이런데도 마치 모든 운동들이 누구에게나 두뇌계발에 좋은 듯이 주장하는 건 옳지 않아요. 이 책은 뇌 과학을 비롯해 심리학, 철학, 운동학, 그리고 교육학의 관점과 원리를 융합했어요. 또 가급적 최신 연구결과들과 정보들을 꼼꼼히 비교분석 해 집필했고요. 특히, 수십 년간 이 분야를 연구하고 가르쳐 온 제 삶을 바탕으로 해서요.

확실히, 인삼은 명약이고 보약입니다. 하지만 누구에게나 또 언제나 좋을 순 없죠. 뭐든 상황과 방법에 따라 '득도, 독도'되는 거죠. 운동도 꼭 그래요. 똑같은 운동이라도 사람이나 상황에 따라 효과는 확 달라져요. 특히, 실시방법에 따라서요. 그래서 누가 왜 운동하는지에 따라 그 내용과 방법을 달리해야죠. 이를테면, 스포츠경기를 위해선 경쟁과 승리에 유용한 전술과 기능을 훈련해야죠. 재활하려면 심신회복과 기력을 돕는 운동이 좋죠. 살 빼려면 다이어트용 운동을 해야 되고요.

그럼, 학교성적향상을 위해선 '어떻게' 운동하는 게 좋을까요? 네, '이렇게' 운동해야 돼요. 뭣보다 먼저 긍정성향, 인지력, 자기조절력, 자기주도력 등 '학습능력을 길러주는 운동'을 선정해야죠. 안전하고 효과적인 운동방법도 절대 필요하죠. 또 공부효과를 올려주는 '전문적 방략'도 필수예요. 운동이 두뇌계발에, 성적향상에 좋다니까 무턱대고 열심히 해보자는 식은 곤란해요. 해서, 부모님들께선 다음과 같은 고민들을 꼼꼼히 하셔야만 돼요.

'어떤 운동이 더 효과적인가?' 그리고 '왜 그런가?'
'그 상황에 맞는 운동은?' 그리고 '왜?'
'어떤 운동이 공부에 방해되나?' 그리고 '왜?'

‘스스로 공부할 능력을 돕는 운동과 방략은?’ 그리고 ‘왜?’

‘부모는 뭘 어찌 도우면 되나?’ 그리고 ‘왜?’

이운성의 구성 & 방략은

하여, 이 책은 그 고민들을 쉽고 확실하게 해결해 드리려고 다음처럼 꾸몄어요.

프롤로그
- 운동하면 학교성적이 오른다. vs 오히려 뇌가 손상된다.
- 이렇게 운동해야 학교성적 오른다.

인문학적 관점
- 운동의 공부머리와 공부마음 형성효과는?
- 위인들이 말하는 공부에 좋은 운동 vs 나쁜 운동

과학적 근거
- 과학적 검증결과로서 운동의 학교성적향상효과는?
- 운동의 학교성적향상의 과학적 근거들은?

논의
좋은 운동 가려내기
- 인문학적 관점과 과학적 근거로 가려낸 좋은 운동 다섯 가지
- '자,유,행,복+손' 운동의 효과적 원리와 방법들

적용
SDL 위드 운동
- 어떤 자녀가 SDL(자기주도학습)을 하는가?
- SDL을 돕는 운동과 성공적 실행방략은?
- 부모는 뭘 어떻게 도와야 하나?

에필로그
- 이운성의 숨겨진 찐 의도인 '3즐'은?
- 그래서 당신 자식은 공부 잘했나요

이 책은 유치원생, 초등학생, 중학생, 고등학생 자녀/손주를 두신 학부모님/학조부모님의 마음으로 썼습니다. 저도 그 학부모였고, 또 언젠간 학조부모도 될 테죠. 이 책은 대학입시생, 대학생, 취업준비생에게도 유용해요. 그들은 어린 동생들보다 자기관리를 더 잘할 테니 더 좋은 성과를 거두겠죠. 또 치매를 걱정하고 두뇌를 젊게 만들려는 어르신께도 이 책을 권합니다. 운동영역만이라도 실천한다면 뇌 기능이 확 좋아지는 걸 당장 느낄 테니까요. 음, 욕심을 쬐끔 더 내서…(ʹʊ ː ʊ). 태권도장을 비롯한 여러 스포츠센터는 물론, 국영수 등 각종 학원 운영자님들께도 이 책을 권합니다. 이분들도 학부모님의 간절한 그 마음을 헤아리실 거라 생각해서죠.

붕어빵은 붕어빵틀로 만들어

"꿈은 이뤄진다."는 그 말. 저도 적극 동의해요. 그러나 "노력 없는 꿈은 결코 이뤄지지 않아요." 붕어빵은 붕어빵틀로 만들어요. 국화빵은 국화빵틀로…. 너무 뻔한 얘기죠. 네,

그 뻔한 방법을 써야만 돼요. 운동의 성적향상효과를 믿으신다면, 그 틀에 맞춰 노력해야 된단 거죠. 공부머리, 공부마음, 공부체력 형성에 좋은 운동들을 알고 선정하는 노력, 그 운동의 방법을 알고 그 효과를 극대화하는 노력, 자녀가 자기주도학습(Self-Directed Learning: SDL) 하게 돕는 부모의 노력이 필요해요. 이운성의 방법대로 노력해 보세요. 그럼 뭣보다 자녀가 해맑고 건강하게 자랄 테니까요. 하여, 그 좋은 기운으로 짧은 시간에 즐겁게 공부하며 학교성적을 쑤욱 올릴 테니까요. 네, 그래서 독자들의 가정마다 행복이 충만해지실 거라 믿습니다. 고맙습니다.

다산마을에서

손준구 올림

CONTENTS 구성

프롤로그
PROLOGUE

"운동하면 학교성적이 정말 오를까요?"

– 운동하니 학교성적 뚝뚝 떨어져

– 운동, 잘못하면 뇌 기능 망가져

"어떤 운동이 학교성적 올려줄까요?"

– 운동은 '좋은 운을 일으킨다'는 뜻

– 운동의 좋은 기운과 나쁜 기운

– 운동이 만든 기적의 선물꾸러미

"이운성 교수님, '이.운.성'이 뭐죠?"

– 이렇게 운동해야 학교성적 오른다

– 이운성의 구성 & 방략은

– 붕어빵은 붕어빵틀로 만들어

I. 인문학적 관점
HUMANITIES VIEWPOINT

"옛사람들의 운동관점이 이랬다고요?"   38

– 정신 가다듬고 지혜 얻는 활동은?

– 적당한 운동이라야 건전한 정신

"운동이 최고의 학습, 왜 그럴까요?"   43

– 이래서 자연놀이가 최고의 학습

– 학력과 연결되는 운동은?

"운동의 공부효과, 우리 선비들도 알고 계셨다니…"   48

– 화랑, 홍익인간, 그리고 태껸군자

– 선비는 스포츠애호가

– 공부하려면 운동부터 하란 말씀

II.

과학적 근거
SCIENTIFIC BASIS

"운동의 성적향상효과, 검증됐나요?"　　　58
- 자꾸만 밝혀지는 운동의 공부머리효과들
- 살찐 만큼 지능도, 학교성적도 떨어져?
- 아직도 '운동하면 공부 못한다' 여겨지면

"운동의 성적향상효과, 이유는 뭘까요?"　　　68
- 운동하면 뇌가 커져
- 운동이 뇌신경 영양거름 만들어
- 긍정성향 자녀가 왜 공부 잘하나
- 운동이 긍정성향을 어떻게, 얼마나 만드나
- 운동의 집중력 향상효과, ADHD까지 개선돼
- 공부체력, 체력 좋을수록 학교성적 높아

III. 논의: 좋은 운동 가려내기
FINDING GREAT EXERCISES

"자연에서 운동하면 성적 올라요" 　　　　　95

– 공부머리 만드는 숲 공장의 비밀

– 공기랑 공부랑 뭔 상관?

– 뇌 깨우는 숲속 마법의 소리들은

　＊ 자연 속 운동 핵심정리

"유산소운동 하면 성적 올라요" 　　　　　106

– 유산소운동 하면 왜 공부 잘할까

– 어떤 운동이 학교성적 더 올려주나

　＊ 유산소운동 핵심정리

"행복한 운동 하면 성적 올라요" 　　　　　116

– 성적 쑥쑥 호르몬 vs 성적 뚝뚝 호르몬

– 이렇게 놀아야 공부 경쟁력 생겨

– 운동과 음악의 놀라운 찰떡궁합효과

　＊ 행복한 운동 핵심정리

"복합운동 하면 성적 올라요"　　　　　　　130

－ 짜장 말고 짬뽕

－ 공부도 손발 딱딱 맞춰야

－ 만만한 맨손체조, 만만찮은 공부효과

－ 공부 중 자꾸 다리 떠는 너, 우등생 될라

－ 층간소음 끝, 성적향상 시작

＊ 복합운동 핵심정리

TIPS: 공부머리 깨우는 손가락운동　　　　　　　148

－ TV는 리모컨으로, 뇌는 손가락으로

－ 제2의 뇌, 손가락 이렇게 움직이면

＊ 손가락운동 핵심정리

IV.

적용: 자기주도학습 위드 운동
SELF-DIRECTED LEARNING WITH EXERCISES

"자기주도학습, 잘하는 아이는 누구?"　　160
- 학습할 욕구와 능력 갖고 태어나는 아이
- 어떤 아이가 성인용 자기주도학습을 척척 해낼까
- 문제는 IQ가 아니라 부릉부릉 메타인지
- 약방엔 감초, 자기주도학습엔 긍정성향

"자기주도성, 어찌 키울까요?"　　169
- 믿음과 인내로 시작하는 자녀의 SDL

〈솔루션 1: 운동〉 171
- 자녀의 SDL을 돕는 기적의 운동솔루션
- 팬 달궈야 계란프라이, 뇌 달궈야 우등생
- 공부, 몇 분 전 얼마나 운동해야 될까
- 운동으로 형성된 공부머리, 얼마나 지속되나
- 이렇게 운동해야 자기주도학습 척척

〈솔루션 2: 긍정적 상호작용〉 183
– SDL 돕는 긍정적 상호작용 세 가지
칭찬 | 긍정적 기대감 | 발문

"자기주도학습, 이렇게 해봐요" 200
〈부록 1. SDL 과정별 활동내용과 성취요소(예)〉
〈부록 2. SDL 자기평가지의 양식과 기록(예)〉

에필로그 – 정약용 선생 걷던 터에서 생기는 일
EPILOGUE – 수십 년 켜켜이 쌓인 다짐
– 당신 자녀는 공부 잘하나
– 헬조선을 해피코리아로

고맙고 소중하게 참고한 문헌들
Thankful and Valuable References

"미래의 손주와 또래들의 행복을 위해."

"For the happiness of future grandchildren and their peers."

사진출처: Encyves wiki(김호석 작가, 2009)

"신체와 정신이 별개라거나 신체가 정신에 예속돼 있단 주장은 틀렸다.

신체를 수양하는 건 곧 선한 본성을 가꾸는 일이다."

– 정약용 선생의 심경밀험(心經密驗, 1815)에서

Ⅰ. 인문학적 관점
HUMANITIES VIEWPOINT

정신 가다듬고 지혜 얻는 활동은?

　　　　　문명기 이전 인류는 어떤 신체활동을 왜 했을까요. 그들도 '운동의 두뇌계발효과'를 믿었을까요. 짐작하시다시피, 까마득한 옛날부터 운동은 가장 중요한 보건활동이었죠. 기원전 9세기경 인도에 수스루타(Susruta, S.)란 명의가 살았어요. 그는 지금도 인도의학의 아버지로 추앙받아요. 수스루타는 운동으로 질병을 치료한 세계 최초의 의사였어요. 그가 쓴 힌두교 전통의학서, 아유르베다(Ayurveda)는 지금도 여전히 세계의 주목거리예요. 아유르베다는 고대인도어(sanskrit)로, '아유(aru)'는 '삶'을, '베다(veda)'는 '앎'을 뜻해요. 아유르베다의 핵심은 '균형'이에요. 신체와 정신의 균형이고, 사람과 자연환경의 균형. 그 신체도 정신도 건강'해진단 얘기예요. 이는 인도요가의 관점이 됐죠. 수스루타는 뭣보다 신체활동을 강조했어요. 아유르베다에 실린 그의 의료기록엔 "매일 운동하는 게 가장 중요하다."는 처방이 있어요. 운동처방을 위해 환자의 나이, 체력, 체격, 운동방법, 식이요법까지 살폈죠(Bhishagratna, 1963). 수스루타는 이렇게 경고했어요(Tipton, 2014).

운동은 정신이 멍해지는 병을 예방하고 치료한다. 그렇다고 운동중독에 빠지거나 과도한 운동은 오히려 건강을 해친다.

오늘날 전문적 연구들과 견줘봐도 일단 수스루타의 운동관점은 매우 훌륭했고, 그 처방도 매우 과학적이었죠.

운동과 보건을 논할 때 중국을 뺄 순 없죠. 그들은 이미 기원전 2,600년부터 호흡법과 마사지를 했어요. 무병장수를 위해서요. 독화살에 맞은 관우의 맨살을 칼로 가르고 뼈를 긁어낸 전설의 명의 화타. 그가 만든 오금희는 지금도 건강체조로 행해져요. 곰, 호랑이, 사슴, 학, 원숭이의 동작을 모방한 이 운동은 그 발상부터 꽤나 흥미로워요. 이를테면, 사람이 호랑이나 곰 등의 동작을 따라 하면 그만큼 용맹해지고, 학과 같은 새의 움직임을 흉내 내면 몸이 가벼워진단 얘기죠. 오금희 효과는 현대 과학으로 검증된 부분이 많아요. 한 가지 예로, 몸을 둥글게 말아 앞뒤로 흔드는 곰 놀이(웅희)는 쓰임새가 많죠. 혈액순환 촉진, 내장기관 강화, 민첩성 향상을 위해 처방돼요. 화타는 누구보다 운동의 중요성을 강조했어요.

운동은 몸속 나쁜 공기를 배출하고 혈액순환을 도와 많은 질병을 예방하고, 맑은 정신을 갖게 한다.

이랬던 그도 수스루타처럼 과도한 운동이 질병을 일으킨다며 경계했죠(Wong 등, 1936). 노자와 장자도 양생법으로 운동을 권했어요. 그들은 숲속환경에서 걷기, 심호흡하기, 동물 움직임 흉내 내기, 몸을 움츠렸다 펴기(스트레칭 형태의 도인체조) 등을 할 것을 권했어요. 이런 운동들을 하면 무병장수하고 '삶의 참지혜'를 얻을 거라 여겼죠(莊子, BC. 290年頃).

적당한 운동이라야 건전한 정신

고대 그리스에서 운동의 인문학적 의미는 꽤 커요. 인류 최초의 서사시 일리아스와 오디세이아를 쓴 호메로스(Homeros). 그가 살던 기원전 8세기경에 시민들의 운동참여는 선택이 아니라 필수였어요. 운동은 건강한 시민육성을 위한 국가

이렇게 운동해야 성적 오른다

사업이었죠. 국가는 체육관을 세워 시민들의 운동실태를 기록했죠. 운동의 내용은 주로 달리기, 복싱, 레슬링, 창던지기, 활쏘기였고요. 고대 그리스는 아테네, 스파르타, 코린토스 등 약 1,500개 이상의 도시국가(polis)로 이뤄졌었죠. 그중 스파르타의 운동정책이 가장 강렬했어요. 운동이라기보다 군사훈련이었죠. 남자는 강인한 전사로, 여자는 건강한 산모로 키울 목적이었어요. 아테네도 운동을 적극 장려했어요. 허나, 그 목적은 스파르타랑 달랐어요. 이를테면, 수학자 피타고라스(Pythagoras)는 열성적인 운동지도자였어요. 선수출신이던 그는 이탈리아 크로톤에 학교를 세웠죠. 그리고 걷기, 달리기, 던지기 등을 가르쳤어요. '질병의 치료와 예방'을 위해서요. 히포크라테스(Hippocrates)와 플라톤(Platon)도 운동을 적극 권장했죠. 의학의 아버지인 히포크라테스는 심신건강을 위해 운동처방을 했어요. 하지만 "과도한 운동은 질병을 만든다."며 경계했죠. 운동선수출신인 플라톤도 "과도한 운동이나 경쟁운동은 신체와 정신을 타락시킨다."며 경고했어요.

우리는 흔히 중세를 금욕주의(asceticism) 시대라 부르죠. 운동도 예외는 아니었어요. 고대 로마시기의 잔혹한 전쟁 같던 신체활동은 국법으로 금지됐죠. '기사교육'에서만 고대의 운동문화를 계승할 수 있었어요. 다만, 운동의 목적은 기독교 교리를 솔선수범하고 국가와 군주에 충성하며 약자를 보호하는 데 됐죠. "건강한 신체에 건전한 정신이 깃든다."는 건 기독교 교리

중 매우 중요한 부분이에요(손준구, 2024b; Adams, 2021a, 2021b; Digital Bible, 2024). 기사의 교육내용은 승마, 사격, 검술, 수영, 수렵, 체스, 작문이었어요. '7예'라 불렀지만 대개 체육활동이었죠. 국가는 기사들이 체력과 자긍심을 길러 리더십을 발휘하길 바랐어요. 사람들은 그 리더십을 '기사도 정신(Ethos of chivalry)'이라 불렀죠(Marcella, 2023).

"운동이
최고의 학습,
왜 그럴까요?"

'아동들의 도덕성과 인지력 계발을 위해 신체활동을 강조했던 루소(Rousseau, J.)'

이래서 자연놀이가 최고의 학습

유아 및 아동 교육가들은 늘 말해요. "놀이가 아이들에게 가장 좋은 학습"이라고. 놀이예찬론의 원조는 아동교육의 아버지, 루소(Rousseau, J.)였죠. 그는 누구보다 전인교육을 강조했어요. 교육에서 신체활동의 비중은 매우 컸죠. 그의 관점은 이랬어요.

'그간 너무나 소홀했던 신체활동은 어린이의 도덕성을 갖게 하고, 두뇌기능을 살려준다.'

루소는 복잡하거나 경쟁하는 신체활동을 경계했죠. 그 대신 자연환경의 즐겁고 본능적인 놀이를 권했어요. 그의 자연주의 교육신념과 방법은 교육서 에밀(Emile)에 고스란히 녹아 있습니다(손준구, 2017; Paiva, 2023; Rousseau, 1979). 저는 대학 시절 이 책을 친구에게서 생일선물로 받았죠. 그리곤 그 책을 세 번이나 연거푸 읽었어요. 그러다 루소의 교육관에 심취했고, 교육학 분야에 인생을 담게 됐죠. 강의하고 연구하며 칼럼을 쓰는 요즘에도 저는 루소의 교육관점을 금과옥조로 삼고 있어요.

루소의 관점은 우리가 잘 알고 있는 페스탈로치(Pestalozzi, J.), 몬테소리(Montessori, M.), 슈타이너(Steiner, R.) 등 수많은 근현대 교육가들의 사상적 원천이 됐죠. 페스탈로치는 학교를 세워 체육을 가르쳤어요. 자연환경 속의 본능적이고 즐거운 운동이었죠. 운동효과는 언어장애아동들에게 특히 컸습니다. 페스탈로치의 제자, 프뢰벨(Froebel, F.)은 자신이 배운 신체활동을 훗날 유치원 교육과정에 그대로 도입했죠(Play and playground encyclopedia, 2023).

학력과 연결되는 운동은?

몬테소리는 정신의학과 의사였어요. 허나, 당시 심한 성차별로 병원을 나와 아동교육에 전념했어요. 그녀의 교육은 루소와 페스탈로치의 관점에 따랐죠. 그녀의 관점은 단호했어요.

'아동은 천성적으로 자기발전욕구와 그 잠재력을 갖고 있다. 스스로 학습할 의지와 능력도 갖고 있다. 다만, 누군가의 억압이나 강요가 있다면 그 의지와 능력은 이내 사라져 버린다.'

그녀의 이런 생각은 이 책의 뒷부분, '적용'에서 살펴볼 '자기주도학습(Self-Directed Learning: SDL)'의 근본이 됐죠. 물론, 이 생각은 루소의 교육이념을 재강조한 것이었지만요. 몬테소리도 루소가 말하는 자연환경 속의 본능적 신체활동을 권했죠.

'아이들이 사지감각을 자극하는 즐거운 놀이를 하면 학습능

력이 커진다. 또 그런 놀이는 지적 장애아의 지능을 치료, 개선하는 데 꼭 필요하다.'

그녀의 이런 생각은 국립장애인학교 교장 시절 놀이 효과를 직접 체험한 후 더 굳어졌어요(Ackerman, 2019; Povell, 2007).

인지학의 창시자, 슈타이너도 '운동과 지능의 관계'를 잘 설명해 줬어요. 인지학(anthroposophy)을 한마디로 정의할 순 없어요. 다만, '인간의 다양한 지적 정보를 두뇌에서 어찌 처리하고 재구성하는지를 연구하는 종합학문'으로 이해하면 무방하겠죠. 슈타이너는 세계적으로 유명한 발도르프학교를 창설했어요. 학교에서 운동은 매우 중요한 교육과정이었죠. 그의 생각은 이랬어요.

'운동으로 단련된 신체가 건전한 정신과 우수한 두뇌활동을 갖게 한다.'

슈타이너는 신체, 마음, 그리고 인지를 연관적 관계로 봤어요. 이는 홀리스틱 교육(holistic education) 관점이기도 해요(손준구, 2010). 발도르프학교에서 체육을 다른 수업들과 통합해 가르쳤던 이유예요. 이를테면, 음악과 결합한 리듬운동, 동식물을 관찰하며 몸으로 흉내 내기, 신체활동 중 내 몸이 어디로 어떻게 움직이는지 인지하기, 공간개념 이해하며 움직이기 등. '경쟁보다 협력과 조화를 이룬다.'는 목표도 중요한 특징이랄 수 있죠. 어떤 운동이든 누가 이기고 지는가를 판정하는 건 의미가 없었죠. 감각을 느끼는 운동, 너와 내가 조화를 이루는 협력활동, 땀 흘리며 스트레스 풀고 정신을 맑게 하는 운동이면 족했던 거죠(Idler & Gerding, 2021).

"운동의 공부효과, 우리 선비들도 알고 계셨다니..."

우리나라에서 고대의 신체활동은 어땠을까요. 우선, 사냥하기 위해 달리고 뛰어넘고 수영하며 던지는 생존동작들을 상상할 수 있죠. 부족 간 전투에 필요한 신체동작들도 연마했겠죠. 또 제천의식이나 주술행위에 관련된 원시무용도 상상해 볼 수 있죠. 물론, 세계 4대 문명기 이전의 이런 신체활동들이 우리나라에만 제한된 건 아니었지만요. 허나, 삼국시대로 접어들면 우리 민족의 특징적 신체활동을 엿볼 수 있어요. 화랑도와 태견이 대표적인 예랄 수 있죠.

화랑, 홍익인간, 그리고 태껸군자

화랑도는 신라 진흥왕 37년(서기 576년)에 시작됐어요. 화랑의 교육이념은 원광법사의 '세속오계'를 실현하는 것이었죠. 즉, 사군이충(事君以忠: 임금을 충심으로 섬김), 사친이효(事親以孝: 부모님을 공경하고 섬김), 교우이신(交友以信: 벗을 믿음으로 사귐), 임전무퇴(臨戰無退: 전쟁에서 물러서지 않는 용기), 그리고 살생유택(殺生有擇: 인간생명을 존중하는 인의)이었어요. 이 다섯 덕목을 실현하고자 인지적 학습보단 신체활동과 정의적 영역인 마음공부에 치중했죠. 검술, 궁술, 창술, 승마, 등산, 축국(축구처럼 발로 차는 공놀이) 등의 신체활동과 시 읊기, 춤추기, 노래 부르기를 병행했습니다. 또 명산대찰 등 국토를 순례하며 심신도 단련하고 호연지기도 길렀어요(김부식, 2017). 이처럼 화랑교육은 전투훈련에만 그치지 않고, 아름다운 자연에서 걷고 달리며 정신과 정서도 가꿨단 점이 참 이채로워요.

태껸 등 여러 이름으로 불리던 태권도. 최근 그 기원을 두고 논쟁이 격렬하죠. 물론, 저는 태권도가 우리 한민족의 얼과 문화에서 유래됐다고 확신해요. 그 근거가 꽤 많죠. 허나, 여기에서 그 논쟁은 접어둘게요. 태껸은 우리나라 삼국시대부터 행했던 건 분명해요. 전투와 심신수양을 위해서였죠. 권위 있는 태권도 사상연구가들은 이렇게 말합니다(김영선, 2023).

예로부터 태권도는 홍익인간 실현수단이었다.

　　　홍익인간은 삼국유사 중 건국신화에 나오는 말이죠. 잘 아시다시피, '널리 인간을 이롭게 한다.'는 뜻이에요. 우리나라 건국이념이죠. 태권정신과 화랑의 결이 같다고 보는 학자들이 많아요. 사실, 태권도만큼 인격수양을 앞세우는 무도는 드물죠. 태권도 지도자들은 이렇게 주장해요.

　　　예로부터 태권정신에는 무사나 선수란 말이 없다. '군자(君子)'라 해야 한다.

　　　여기에서 군자는 도덕적으로 완성된 인격자예요. 태권도의 공통된 예찬론은 이래요(신명희, 2019; 전병술 & 노영선, 2012).

우리 민족은 예로부터 태권도를 통해 타인을 존중, 이해하는 예의범절을 배웠다. 또 어려움을 극복하는 마음, 자기통제력, 다양한 상황을 슬기롭게 대처하는 인지력을 길렀다.

선비는 스포츠애호가

　　　애오라지 학문만 숭상했을 것 같던 조선시대. 그때

　　　　　　　　　　　이렇게 운동해야 성적 오른다

도 신체활동을 결코 가벼이 여기지 않았어요. 지금도 선비 중의 선비로 추앙받는 퇴계 선생이 특히 그랬죠. 성리학 대가였던 그는 서재에 점잖게 앉아 공맹의 유교사상에만 심취하진 않았어요. 퇴계는 평생 등산과 맨손체조를 즐겼어요. 스포츠애호가였죠. 그의 활인심방(活人心方)은 오늘날에도 보건적 가치를 인정받아요. 활인심방은 명나라 주원장의 16번째 아들 주권이 쓴 활인심이란 책을 보충하고 재해석한 겁니다. 퇴계는 활인심방 머리글(활인심서)에서 백성들의 무병장수를 위해 책을 냈다고 밝혔어요. 본문의 치심 편과 도인법 편(李滉, 1550)엔 몸, 마음, 자연환경의 조화가 강조돼 있죠. 이는 앞에서 보셨던 고대 인도의사, 수스루타가 아유르베다(Ayurveda)에서 강조한 '균형'과 결이 같아요. 퇴계는 사람의 도리를 다하려면 먼저 원기(몸과 마음의 에너지)를 굳건히 하길 권했죠. 운동과 정신의 관계에 대한 퇴계의 생각은 이래요.

'자연의 맑은 공기를 마시며 호흡하기, 스트레칭 형식의 맨손체조, 안마 형식의 몸 두드리기 등을 하면 정신이 맑아져 학업에 정진할 수 있다.'

그는 늘 활인심방의 맨손체조를 즐겼어요. 만성 허약 체질이던 퇴계가 70세까지 장수했던 비결이기도 했죠. 당시 평균 수명의 2배 이상 살았으니까요. 퇴계 선생의 맨손체조와 유사한 도인법은 동의보감에도 꽤 많이 수록돼 있습니다(許浚, 1610). 잘 아시다시피, 동의보감은 허준 선생이 집대성한 종합의학서예요. 유네스코 세계기록문화유산이기도 하죠. 이 책은 '신체와 정신이 직접 연결돼 있다.'는 관점을 지녀요. 허준은 운동효과를 이렇게 강조했죠.

신체를 두드리고 문지르고 누르는 운동, 스트레칭하기, 그리고 맑은 공기 마시며 심호흡하는 것만으로도 원기를 채우고 정신의 각성을 돕는다.

공부하려면 운동부터 하란 말씀

다산 정약용 선생도 '심신일여(心身一如)'의 관점을 지녔어요. '마음과 몸은 하나'란 견해죠. 다산선생은 "몸을 수련해야 마음이 곧고 머리도 맑아진다."고 주장했어요(丁若鏞, 1815). 하여, "글공부만 해선 군자가 될 수 없다."고도 했죠. 또 그는 말했어요(丁若鏞, 1818).

오늘날 학교에선 글공부만 가르치니 '예의범절'이 무너져 버렸다. 덕이 있는 스승을 초빙해야 제자들도 덕을 배울 수 있다. 활쏘기와 투호놀이를 하며 예절을 가르치는 것도 좋다.

     이렇게 운동해야 성적 오른다

아시다시피, 투호는 일정한 거리에 놓인 병에 화살을 던져 넣는 놀이죠. 중국 한나라 때부터 즐겼다죠. 우리나라 도입 시기는 알 수 없어요. 다만, 조선왕조실록 등 여러 사료들에 투호 얘기가 자주 눈에 띕니다. 세종은 "마음을 다스리려면 심신수양에 좋은 투호를 하라."며 권했죠(世宗實錄, 世宗 18年). 율곡 선생도 "독서 중 활쏘기나 투호 등을 하면 머리가 맑아진다."고 했고요(栗谷全書, 1814). 당시 왕실종친이나 사대부들은 친목과 건강을 위해 자주 투호를 했죠. 정조대왕은 전국 향교의 유생은 물론, 일반백성에게도 투호를 권했어요. 다산 선생이 앞장서 이를 전파했다고 여겨져요(正祖實錄, 正祖 21年; 丁若鏞, 1818).

지금까지 살펴보셨듯이, 인간은 이미 오래전부터 '운동, 건강, 그리고 두뇌와의 상관성'을 유념해 왔어요. 그러면서도 동서고금을 막론하고 "무리한 운동은 약이 아니라, 독이 된다."는 걸 경고했죠. 근대에 이르러 진화생물학자 라마르크(Lamarck, J.)는 운동의 가치를 재인식시켰어요. 잘 아시는 '용불용설'이죠. "사용하는 신체기관은 발달하고 사용하지 않으면 쇠퇴한다."는. 그러나 생리학자 루우(Roux, W.)는 운동의 '과유불급'을 일깨워 줬어요. 그는 라마르크의 용불용설에 동의했지만, "신체를 과하게 사용하면 오히려 악화된다."며 경고했죠. 뭐든 지나

쳐도 문제예요. 한편, 고대 철학자들과 의학자들은 물론, 근현대 세계적 교육가들에 이르기까지 '운동이 두뇌와 심성의 계발에 필수요소'임을 강조했죠. 이들의 한결같은 주장이 과연 사실일까요. 이제, 다음 장에서는 그 주장들을 과학적 관점에서 검증해 봐야겠죠.

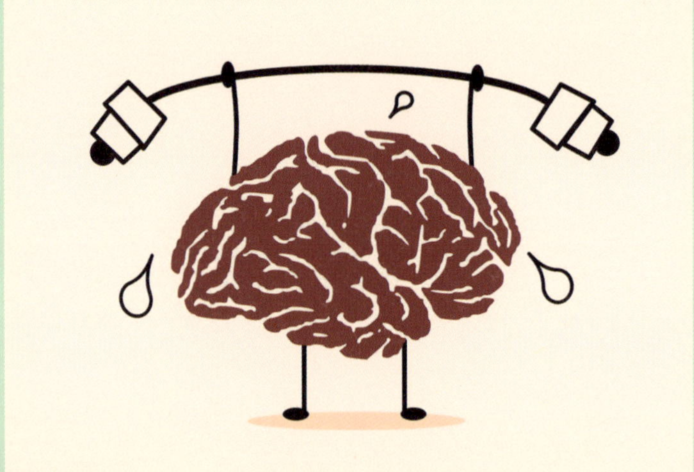

"운동하면 학교성적 오르는 다섯 가지 뚜렷한 근거들이 있다."

1. 두뇌 사이즈 증가(German Center for Neurodegenerative Diseases, 2022)

2. 뇌신경세포영양소(Brain–Derived Neurotrophic Factor: BDNF) 분비(Delezie 등, 2019)

3. 긍정성향 강화(Corradino 등, 2024)

4. ADHD 등 집중력 개선(Jacobson, 2024)

5. 공부체력 강화(Fedewa 등, 2018)

II. 과학적 근거

SCIENTIFIC BASIS

"운동의
성적향상효과,
검증됐나요?"

자꾸만 밝혀지는 운동의 공부머리효과들

우리는 앞의 '인문학적 관점'에서 고대 철학자와 의사, 선비, 근현대 교육자들이 주장했던 '운동의 심성과 두뇌계발효과'를 살펴봤어요. 과연 이들의 주장이 사실일까요. 네, 최근 이를 검증한 연구들이 꽤 많아졌어요. 곧바로 살펴보죠. 먼저, 미국 국립과학원 학술출판센터(National Academies Press: NAP, 2013)의 '신체활동, 체력상태, 그리고 체육수업이 학업성취도에 미치는 영향(Physical Activity, Fitness, and Physical Education: Effects on Academic Performance)'부터 볼게요. 운동과 학업의 상관성 연구들을 망라해 분석(meta-analysis)한 거예요. 흥미로운 결과들이 꽤 많아요. 먼저 눈에 띄는 부분부터 핵심만 살펴보죠.

신체활동이 많고 체력상태가 좋은 아이일수록 학교성적은 올라간다. 여러 과목 중에서 특히 수학과 국어의 성적이 향상된다. 펠레그리니(Pellegrini, A.) 등(2005)과 힐맨(Hillman, C.) 등(2008)에 따르면, 주정부에서 주관하는 학업성취도평가에서 좋은 점수를 받으려는 학교들이 학생들의 신체활동시간을 축소시켰다. 체육수업을 뒤로 미뤘고, 심지어 쉬는 시간마저 줄였다. 그러나 그 학교의 학업성취도가 높진 않았다. 최근 많은 연구들은 '아이들이 유산소운동 등을 할 때 오히려 인지력이 향상된다.'는 결론을 내렸다. 특히 힐맨 등(2008)과 폰티펙스(Pontifex, M.) 등(2012)의 연구에선 단 한 번의 신체활동만으로도 집중력과 학습지속성이 증가했고, 문제해결시간은 단축됐다.

이 NAP보고서엔 '운동이 인지력 강화는 물론, 학교성적향상까지 돕는다.'는 근거들이 수두룩해요. 그중 몇 개를 추려보면…. 엘렘버그(Ellemberg, D.) 등(2010)은 어린이들을 2개 그룹으로 나눴어요. 한 그룹은 30분 유산소운동을, 다른 한 그룹은 30분 TV를 시청했죠. 연구결과, 유산소운동그룹의 인지력이 유의미하게 향상됐죠. 바로스(Barros, R.) 등(2009)도 공부를 잘하려면 운동이 왜 필요한지 일러줬어요. 이 연구의 참여아동은 8~9세였어요. 아이들은 수업을 마칠 때마다 15분간 자율적 신체활동을 했죠. 그리곤 신체활동을 안 했던 아동들의 수업행동이랑 비교해 봤어요. 수업행동은 '적절한 학습행동'과 '부적절한 학습행동'으로 분류됐죠. 적절한 학습행동은 집중태도, 발표와 동료협력 등의 수업참여행동이었고요. 부적절한 학습행동은 주의산만, 떠들기 등의 방해행동이었죠. 연구결과, 휴식시간마다 신체활동 했던 아이들의 적절한 학습행동 비율이 유의미하게 높았어요. 당연히 그만큼 성적도 향상됐죠. 이 결과는 선행연구였던 재럿(Jarrett, O.) 등(1998), 펠레그리니(Pellegrini, A.) 등(1995)과 일치했어요. 두 연구에서도 휴식 중 운동했던 애들의 과제수행 지속시간이 증가했고, 성적도 올랐어요. 샐리스(Sallis, J.) 등의 연구(1999)에서는 7개 초등학교 아동들에게 일명 '스파크(Sports, Play, and Active Recreation for Kids: SPARK)' 운동을 지도했어요. 스파크는 여러 스포츠, 놀이, 신체레크리에이션이죠. 이 프로그램은 2년간 지속됐어요. 그 후 애들의 국어(읽기 영역)점수는 비참여아동들보다 매우 월등히 향상됐어요. 다만, 수학점수에선 유의미한 차이가 없었고요. 이 결과에 대해 연구자들은 이렇게 해석했어요.

스파크를 가르치는 교사의 지도력과 운동방법에 따라 학교성적향상효과가 달라질 수 있다.

이 해석은 '매우매우' 중요한 의미를 갖습니다. '똑같은 운동도 방법과 상황에 따라 학교성적향상효과가 달라진다.'는 얘기죠. 이건 제가 프롤로그에서 가장 강조했던 얘기 중 하나예요. 학교성적을 올리는 운동과 공부의 효과적 방략에 대해선 '논의'와 '적용'에서 자세히 알아보기로 해요.

살찐 만큼 지능도, 학교성적도 떨어져?

이외, NAP보고서에 따르면, 점심시간 자율적 신체놀이는 학습 준비 태세를 돕고(Getlinger 등, 1996; Wechsler 등, 2001), 아이들의 상상력 등 창의적 사고계발에도 유용해요(Pellegrini 등, 2005). 특히, 운동을 싫어하는 비만아동과 운동을 즐기는 아동 간의 학교성적 차이를 비교한 연구들(Donnelly 등, 2009; Kibbe 등, 2011; Reed 등, 2010)도 눈에 띕니다. 연구결과, '비만아동들은 지능과 학교성적이 낮아요.' 참 걱정스러운 이 결과들이 과연 사실일까요?

정말이지, 비만아동 문제는 우리로서도 꽤 심각해요. 최근 교육부(2023)의 통계를 보면, 우리나라 초·중·고교생 '셋 중 하나는 과체중이나 비만'이니까요. 큰 문제예요. 뭣보다 건강걱정이 크지만, 비만이 지능과 성적까지 떨어뜨린다니 설상가상이죠. 하여, 관련연구들이 더 있는지 살펴봤습니다.

먼저 나안(Nan) 등(2017)의 연구가 눈에 띄네요. 아

동비만과 학업성적: 작업기억의 역할(Childhood Obesity and Academic Performance: The Role of Working Memory)이란 논문입니다. 연구자들은 실험에 참가할 10~13세의 초등학생들을 공개모집 했어요. 이때 전년도 국영수 학교성적표를 받았어요. 아동들은 비만 44명, 과체중 23명, 정상체중 92명이었어요. 이 아이들은 모두 세 가지 테스트를 받았죠.

- 테스트 1: 컴퓨터 화면의 숫자들을 기억해 역순으로 쓰기
- 테스트 2: 컴퓨터 화면의 음식/음료 그림에 적힌 숫자들을 기억해 그 숫자만 역순으로 쓰기
- 테스트 3: 컴퓨터 화면의 애니메이션 이미지들과 숫자들을 기억해 그 이미지들과 숫자들을 역순으로 쓰기

아동들의 학교성적과 테스트의 결과는 이랬어요.

아동이 비만일수록 전년도 국어, 영어, 수학 성적도 낮았다. 또 세 가지 테스트 결과, 비만아동의 작업기억력도 정상체중 아동보다 낮았다. 우리는 비만아동이 정상체중 아동보다 전년도 학교성적이 낮은 건 그들의 작업기억력이 낮기 때문이라 해석한다.

매우 안타까운 일이지만, 나안(Nan) 등의 이런 주장은

"아동의 비만이 학습 관련 기억력을 손상시킨다."는 또 다른 연구결과들과 일치해요. 물론, 성인비만을 포함해서요(Coppin 등, 2014; Fiscella 등, 2024; Francis 등, 2011; Fitzpatrick 등, 2013; Judge 등, 2007; Melo 등, 2022; Stingl 등, 2012). 작업기억은 15초가량 짧은 저장이지만, 학습에 꼭 필요하죠. 이를테면, 선생님이 아이들에게 "교과서에서 탄수화물, 단백질, 지방, 무기질, 비타민의 개념을 찾아 각각 30자 이내로 적어보세요."란 과제를 제시했을 때요. 작업기억이 약한 아이는 교사가 내준 과제를 금세 까먹어요. 해서, 그 애는 그저 멍해 있거나 짝꿍이 뭘 하는지 훔쳐보겠죠. 이런 일이 반복되면 그 애는 공부가 짜증 나겠죠. 작업기억력 부족은 특히 수학영역의 문제풀이 과제(Swanson, 2014), 국어와 영어의 단어회상 및 독해력에 큰 지장을 준대요(Bull 등, 2008; Best 등, 2011). 참고하세요.

한데, 나안(Nan) 등의 실험에서 매우 흥미로운 점이 보였어요. 비만아동의 작업기억력은 테스트 1과 테스트 3에서 정상체중 아동보다 훨씬 떨어졌어요. 그런데 말이죠. 테스트 2의 결과는 비만아동이 더 우수했어요. 네, 테스트 2는 음식/음료에 관한 기억력이었죠. 학교성적과 작업기억력이 낮은 비만아동이 음식 관련 기억력은 더 우수하다니…. 이건 뭘 뜻하는 걸까요. 연구자들의 해석은 이래요.

비만아동의 기억력은 약하다. 그러나 선택적인 강한 집중력이 약한 기억력을 보완한 효과다.

결국, 비만아동은 음식 관련 정보에 민감하게 반응하고 집중한단 얘기죠. 또 연구자들은 결이 다른 해석도 내놨습니다.

비만아동의 기억력 저하는 '사회심리요인'으로 더 심해질 수 있다. 이를테면, 동료들의 놀림과 따돌림으로 생긴 상처가 기억과 집중을 방해해 결국 학교성적을 낮출 수 있다. 퍼텔(Purtell) 등(2015)의 연구결과처럼….

2019년 신경정신학 박사, 에릭슨(Erickson, H.)은 '아동기 비만이 학교성적에 미치는 영향(Childhood obesity often affects academic performance: now we may know why)'에서 비만아동의 '사회심리요인'을 이렇게 말했어요.

따돌림과 놀림을 당한 비만아동은 학습참여를 꺼린다. 심리적으로 위축돼서다. 이는 학교성적이 떨어지는 가장 큰 이유다. '비만아동에 대한 낙인(stigma)'도 문제다. 낙인은 비만아동의 인지력에 부정적으로 작용한다. 많은 연구들에서 드러났듯이, 결국 신체활동부족이 근본적 문제다. 신체활동이 부족해 비만이 되고, 성적도 떨어지니까.

 이렇게 운동해야 성적 오른다

이 글을 쓰며 또래에게 상처받는 비만아동과 그 부모님의 맘을 헤아려 봅니다. 갈기갈기 찢어진 그 맘을 당해보지 않으면 알 수 없죠. 친구를 놀리거나 따돌리는 건 천하의 몹쓸 짓입니다. 비만아동 가정에서도 자녀비만을 개선하셔야 돼요. 살 빼긴 어려워도 빼지 못할 살은 없어요. 학교성적 떨어지는 건 둘째치고라도, 그 아이의 심신건강을 위해 노력해 봅시다. 아시다시피, 비만이 '쓰리고'라 부르는 고혈당증, 고혈압증, 고지혈증의 원인이잖아요. 건강부터 챙겨야 공부도 잘해요. 비들(Biddle, S.) 등(2019)의 연구처럼, 운동으로 먼저 체력과 체형을 개선하면 자존감도 인지력도 커져 학교성적이 오릅니다. 자, 힘내세요.

아직도 '운동하면 공부 못한다' 여겨지면

운동과 학교성적의 관계를 좀 더 살펴보죠. 그 상관성을 매우 잘 알려주는 가장 최근의 연구가 있어요. 2023년에 제임스(James, J.) 등이 발표한 '학령기 아동의 학교성적에 대한 신체활동 효과(The Effects of Physical Activity on Academic Performance in School-Aged Children: A Systematic Review)'예요. 제임스 등은 자신들의 연구야말로 '운동의 학교성적향상효과'에 대해 심혈을 기울여 검증했노라 거듭 강조했어요. 환경이 서로 다른 초등학교들을 두루 망라한 최초의 단일주제 분석연구(meta-analysis)라는 자부심도 드러냈죠. 우선, 연구 착수배경은 이래요.

현재 영국 아동들의 신체활동(Physical Activity: PA) 부족은 매우
심각한 상태다. PA 부족은 아이들의 체력과 면역을 떨어뜨
려 각종 질병과 우울증 등의 정신질환을 유발한다. 학교폭력
등의 반사회적 현상도 PA가 부족해서다. 정부당국에서 교내
PA를 적극 권장하는 이유다. 그럼에도 교내 PA는 갈수록 줄
고 있다. 과외 PA는 물론, 정과 체육수업마저도…. 주지교과
성적향상을 위해서다. 해서, PA를 수학과 영어로 대체하는
학교들이 많다. 그런데 최근 운동이 학교성적을 올린단 연구
들이 주목받고 있다. 따라서 이 연구는 주제 관련연구들을 메
타분석 해 PA와 학교성적의 상관성을 규명해 봤다.

위의 연구배경만 보면 마치 국내 학교실정을 얘기하
는 것 같네요. 우리에게도 시사성이 크겠죠. 연구자들의 자부심
만큼 이 연구는 스케일이 꽤 커요. '운동과 학교성적'이란 키워드
로 425개 논문들을 찾아낸 다음, 이를 다시 19개로 엄선해 추렸
어요. 그 연구들의 참여아동은 무려 6,788명, 평균 나이는 9.26
세였죠. 연구결과는 방대하나, 그 핵심만 추릴게요.

'운동이 초등학교 성적향상에 기여하는가?'를 살펴본 결과, 단
1편에서 운동이 아이들의 성적을 떨어뜨렸다고 보고했다. 반

   이렇게 운동해야 성적 오른다

면, 운동의 학교성적향상효과를 봤던 학교는 무려 97%나 됐다. 다만, 이 중 47%는 그 효과가 크지는 않았다. '어떤 운동을 얼마나 해야 좋은가?'를 분석한 결과, 중강도 유산소운동을 했던 학교에서 아이들의 모든 과목성적들이 향상됐으나, 통계적으로 유의미한 차이는 없었다. 그런데 연구결과에서 매우 중요한 점들이 발견됐다. 영어와 수학 등의 교과점수를 더 올리려고 PA를 기피했던 학교들의 성적이 향상되진 않았다. 오히려 PA에 충실했던 학교에서 아이들의 영어와 수학 성적이 더 향상됐다. 이는 통계적으로도 매우 유의미했다. 이건 대단히 아이러니하면서도 흥미로운 결과가 아닐 수 없다.

"운동의
성적향상효과,
이유는 뭘까요?"

그럼, 운동하면 학교성적이 왜 오를까요. 여기엔 몇 가지 뚜렷한 근거들이 있어요. 이 책에서는 그 근거들을 다섯 가지로 추려봤어요.

운동하면 뇌가 커져

"운동하면 뇌 커져 더 많은 학습량 처리와 속도 개선돼"

첫째, "운동이 뇌 사이즈를 증가시킨다."는 겁니다. 특히 전전두엽과 해마를 크게 만들죠. 잘 아시다시피, 이 두 곳은 학습기능과 관계가 깊어요. 전두엽은 뇌 앞부분에 있어요. 이마에서 정수리까지예요. 전두엽은 학습내용을 처리하고 몸의 움직임을 조절하죠. 전전두엽(prefrontal cortex)은 그 전두엽의 맨 앞에 있어요. 어려운 학습내용을 비교분석 하고 체계화해 저장(기억)하는 부위예요. 해마(hippocampus)는 측두엽 좌우 안쪽에 있어요. 측두엽은 좌우 관자놀이에 있죠. 해마는 공부한 내용을 일단 잠시 기억해 두는 기능을 해요. 그 후 중요한 내용이라 판단되는 것들만 따로 추려요. 그리곤 그걸 대뇌피질 등 뇌 여러 곳의 신경세포(neuron)들의 연결부위인 시냅스(synapse)로 보내 오랫동안 저장토록 돕죠. 뇌가 커지면 당연히 더 많은 학습용량을 저장하고 그 처리 속도도 빨라지겠죠.

2022년 독일 신경퇴행성질환센터(German Center for Neurodegenerative Diseases)는 '운동을 조금만 해도 두뇌 사이즈가 크게 증가한다(Even Moderate Exercise Can Greatly Increase Brain Size)'는 연구를 냈죠. 결과에 따르면, 신체활동량이 많고 강도가 클수록 뇌의 부피와 두께가 증가해요. 연구에선 특히, "기억통제센터인 해마가 더 커졌다."며 해마를 강조했죠. 하루 15분만 걷거나 계단을 올라도 뇌가 더 커진다죠. 이는 알츠하이머 환자에게서 더 두드러졌대요. 그럼, 운동하면 뇌가 왜 커질까요. 뇌의 혈류량과 산소량이 증가하고 영양공급이 잘되며 뇌세포들이 증식해서죠(현재까지는 그렇게 이해하고 있어요).

암튼, "운동이 뇌 사이즈를 키운다."는 주장은 이제 정설이 돼가요. 카스텔스(Castells-Sánchez, A.) 등(2022)의 연구를 보면, 12주 유산소운동 참가그룹은 비참가그룹보다 뇌 용적이 더 커졌고, 인지력도 더 높아졌어요. 이는 그의 또 다른 공동연구(Castells-Sánchez 등, 2021)결과와도 일치했죠. 빌켄스(Wilckens, K.) 등(2021)의 결과에서도, 펄스(Firth, J.) 등(2018)의 연구에서도 '운동 후 해마 등 뇌 사이즈가 증가'됐어요. 최근 관련연구들이 꽤 많아졌어요. 일일이 열거할 순 없고, 1편만 더 볼게요. 2024년에 레이놀즈(Reynolds, G.)

가 쓴 글이 마음에 담기네요. 그 내용을 대폭 간추리면 이래요.

운동하면 뇌가 커진다. 그럼, 아주 조금만 운동해도 그 효과가 있을까. 최근 세인트루이스 워싱턴대학교 신경학과 사이러스(Cyrus, A.) 교수 연구팀은 건강한 성인 남녀 10,125명의 뇌를 스캔했다. 그리고 이들을 두 그룹으로 나눴다. 한 그룹은 평소 일주일에 최소 25분 이상 운동하는 사람들이다. 다른 한 그룹은 평소 별다른 운동을 하지 않는 사람들이다. 뇌 스캔 후 2주가 지나 두 그룹의 뇌 사이즈를 재검했다. 그 결과, 운동그룹의 뇌가 더 커졌다. 특히, 기억력과 사고력을 돕는 해마 부위가 더 커졌다.

운동이 뇌 사이즈를 어떻게 증가시킬까. 그 이유는 아직 불분명하다. 다만, 연구에서는 운동이 뇌의 염증을 줄이고, 새로운 뇌세포와 혈관의 생성을 돕기 때문이란다. 그런데 이번 연구에서 매우 뜻깊은 사실을 발견했다. 뇌 사이즈를 증가시키는 데 가장 효과적인 운동은 뭘까. 바로 '가벼운(gentle)' 운동이었다. 다시 말해 '적당하게(moderately)' 운동한 경우(이를테면, 대화하며 운동하는 정도)에는 빨리 달리기처럼 격렬하게 운동한 사람들보다 두뇌용적이 더 컸다. 물론, 격렬한 운동을 즐기는 사람들도 운동을 거의 하지 않는 사람들에 비해 뇌 사이즈는 더 커졌지만…. 최근 운동의 뇌 기능 향상효과를 검증하지 못한 연구들도 있다. 그러나 그들 연구에서도 운동 후 뇌 기능이 더 나빠지진 않았다. 이건 확실하다. 또 운동 후 뇌 기능 개선효과는 나이와 상관없다.

저는 위의 사이러스(Cyrus, A.) 교수 등의 결과에 뛸 듯이 기뻤어요ヽ(ʊ˘)ﾉ. "격렬한 운동보다 적당히 운동할 때 뇌 기능 개선효과가 크다."는 결과 때문이죠. 제가 늘 주장해 온 얘기니까요. 다만, '주당 25분' 이상 운동만 해도 학습담당 뇌 부위가 커진다니…. 1일 25분도 아니고 말이죠. 이 또한 감사할 일이지만, 저는 아이들이 적당한 운동을 매일 2~3시간은 해야 좋다고 생각해요. 이는 세계보건기구(WHO, 2024)나 미국 질병통제예방센터(CDC, 2024) 등의 권장사항이기도 하죠. 한편, 이 연구처럼 '어떤 운동을, 어찌해야 뇌 기능 개선에 좋은가.'를 짚어보는 건 매우 중요해요. 사실, 이 부분은 이 책에서 다룰 핵심내용이죠. 이 내용은 '논의'와 '적용'에서 자세히 다루기로 해요.

운동이 뇌신경 영양거름 만들어

"운동하면 뇌신경세포 영양거름 생겨 공부 잘해"

운동의 성적향상효과, 그 두 번째 이유는 "운동이 BDNF 등의 성장인자를 증가시킨다."는 거예요. 성장인자(growth factor)는 세포의 생성, 분열, 치유 등을 돕는 단백질 영양인자예요. 우리 몸 곳곳에서 생성돼 제 몫을 톡톡히 해내요. 이를테면, 신경 성장인자(nerve growth factor: NGF)는 **뼈**와 근육 등의 신경조직을, 혈소판유래 성장인자(platelet-derived growth factor: PDGF)는 혈액과 혈관을, 신경교세포유래 신경영양인자(glial cell line derived neurotrophic factor: GDNF)는 중추신경 등을 담당하죠. 이 성장인자들은 운동 중 원활히 분비돼요. 여기에선 성장인자들 중 'BDNF(Brain-Derived

Neurotrophic Factor)'를 살펴볼게요. BDNF는 '뇌유래 신경영양인자'
라 번역해요. '뇌신경 영양성분' 또는 '뇌신경세포 영양소'쯤으로
이해하시면 돼요. BDNF도 다른 성장인자들처럼 단백질 성분
입니다. 공부를 잘하려면 먼저 공부머리부터 만들어야죠. 이때
BDNF란 영양성분이 필요해요. BDNF는 뇌신경세포(neuron)들의
싹을 틔우고 생장시켜요. 또 신경세포의 시냅스끼리 정보를 주고
받도록 돕죠. 이 과정들은 마치 농작물 생장과 같아요. 씨감자는
거름 덕에 자라죠. 발아하고 수많은 줄기와 뿌리가 돋고 뻗으며
맛있는 감자들을 주렁주렁 맺죠. 감자수확엔 거름이, 공부수확엔
BDNF가 필요해요. BDNF가 '뇌신경세포 성장거름'인 거죠.

BDNF는 이름 그대로 뇌의 거의 모든 영역에서 만
들어져요. 그러나 근육, 내장, 혈관 등에서도 생성돼요. 특히,
골격근의 BDNF 생성이 꽤 활발해요. 골격근은 운동에 쓰이
는 근육이죠. 그래서 운동 중 근육이 수축, 이완할 때 BDNF가
더 많이, 더 빨리 생성돼 뇌로 흘러가요. 공부머리를 만드는 거
죠(Delezie 등, 2019; Renteria, 등, 2022; Zhang 등, 2019). 2022년 페르난데즈
(Fernández-Rodríguez) 등의 연구가 주목돼요. 이 연구는 운동 전후 혈
액(혈청과 혈장) 내 BDNF 변화를 분석한 연구들(22종)을 망라해 분석
(meta-analysis)했어요. 연구대상은 총 552명(평균 약 25세)이었죠. 이들
은 고강도 운동(빠르게 달리기)을 했고, 가벼운 운동(천천히 걷기)을 하거나
운동하지 않은 사람들과 비교했죠. 그 결과, 대부분의 연구에서

 이렇게 운동해야 성적 오른다

고강도 운동 전후 혈중 BDNF 수치 차이가 컸어요. 그 변화도 매우 즉각적이었고요. 또 가벼운 운동을 했거나 아예 운동하지 않았던 사람들보다 BDNF 수치가 더 높았죠. 하지만, 이 결과를 두고 고강도 운동이 가벼운 운동보다 공부머리 형성에 좋다고 단정할 순 없어요. 왜냐하면, 앞의 사이러스(Cyrus, A.)교수팀의 결과처럼 '가벼운(gentle)' 운동이나 중강도 운동을 권하는 연구들도 꽤 많거든요(이를테면, Basso 등, 2017; Suzuki, 2021a; Delezie, 등, 2019). 뒤에서 보실 긍정성향 관련연구들도 적당한 운동을 강조하죠. 어떤 강도로 운동해야 공부효과가 더 좋은지에 대해선 '논의'와 '적용' 부분에서 다루기로 해요.

레이놀즈(Reynolds, G.)가 쓴 글로 다시 검증해 볼게요. 그녀는 세계적 권위 있는 학술지 연구들을 쉽게 설명하는 걸로 꽤 유명해요. 그래서 저도 즐겨 읽죠. 2023년에 BDNF에 관해 쓴 칼럼을 간추릴게요. 운동이 어떻게 더 총명한 사고와 더 건강한 두뇌를 만들까(How exercise leads to sharper thinking and a healthier brain)란 글입니다.

운동하면 인지능력이 커진다. BDNF가 증가돼서다. BDNF는 뇌신경세포와 시냅스(synapse, 신경세포의 연결부위)의 생성과 기능을 촉진시킨다. 예전엔 쥐 실험으로 운동과 BDNF의 관계를 분석했다. 달리는 쥐와 움직이지 않는 쥐의 뇌 조직을 분석

하는 방법이었다. 많은 연구결과들에서 달리는 쥐의 뇌에서 BDNF 물질이 많아지는 걸 증명했다. 물론, 그 쥐들은 인지 테스트 결과도 높았다. 요즘엔 사람들을 대상으로 연구한다. 운동 전후 혈액을 타고 뇌로 들어간 BDNF 수치를 비교하는 거다. 운동하면 근육에서 젖산(lactate)을 만든다. 우리 몸에서 젖산 수치가 높아질수록 BDNF 수치도 올라간다. 최근 흥미로운 쥐 실험방법들이 다시 등장했다. 운동하지 않은 쥐에게 젖산을 주입해 봤다. 그랬더니 마치 운동한 것처럼 BDNF가 생성됐다.

젖산은 우리가 운동할 때 쓰이는 에너지원(glycogen)이 소비될 때 생겨요. 운동 후 몸이 쑤시고 결리는 통증의 원인이기도 하죠. 그러니 "젖산이 생길수록 BDNF가 생긴다."는 연구결과를 놓고 '내 아이에게 운동 대신 젖산을 먹여야겠구나.'란 생각하시면 곤란해요. '역시 운동과 BDNF의 상관성이 크구나.'라고 이해하셔야죠. 운동했을 때 어디 BDNF만 얻나요. 공부와 건강에 이로운 효과들이 무궁무진하잖아요. 젖산은 그저 운동수행의 증거이자 결과일 뿐이라 생각하세요.

운동의 성적향상효과, 그 세 번째 이유는 뭘까요. "운동이 긍정성향을 키운다."는 거예요. '긍정의 힘'을 모르시는 분은 없죠. 그러니 길게 말씀드릴 필요도 없죠. 긍정적인 사람은 만사형통입니다. 인맥도 넓고 튼실해요. 돈도 많이 벌죠. 여유롭고 성공적인 삶은 긍정이 낳은 결실이죠. 공부도 그래요. 자녀의 긍정성향과 학교성적은 비례해요. 특히, 긍정성향은 뒤쪽 '적용'에서 살펴볼 자기주도학습의 바탕이기도 해요.

사진출처: Wikimedia Commons(2023) by Smilie027

"운동하면 긍정성향 커져 공부 잘돼"

2023년에 인도의 정신건강박사 바이쉬나비(Vaishnavee, V.) 교수는 긍정성향 학생들의 세 가지 특성을 이렇게 말했어요. 첫째, 학교성적이 좋아요. 긍정성향이 학습동기를 강화시켜

쥐서죠. 아시다시피, 학습동기는 학습의욕을 말해요. 학습의욕이 클수록 집중력과 문제해결력도 커져요. 둘째, 회복력(resilience)이 강해요. 어렵거나 힘든 학습에 좌절하지 않아요. 실패를 거울삼아 다시 도전하는 정신입니다. 셋째, 스트레스, 불안, 우울증에 대처하는 능력이 강해요. 회복력과 연관된 특성이죠. 공부 잘하려면 이 세 가지 특성은 필수예요.

셀릭(Celik, I.) 등(2018)의 연구결과도 비슷해요. 그들은 고등학생들을 대상으로 먼저 긍정성향을 분석했어요. 그것이 학습의 통제력, 끈기(grit), 그리고 학교성적에 어떤 영향을 줄지 알아보려고요. 연구결과는 역시 학생들의 긍정성향과 학교성적이 비례했죠. 어려운 학습을 포기하지 않는 끈기(혹은 열정)와 자기통제력 덕이었어요. 바이쉬나비(Vaishnavee, V.)가 말했던 회복력이랄 수 있죠. 추이(Chui, R.) 등(2020)은 홍콩대학생들의 긍정성향과 대학생활의 관계를 분석해 봤어요. 그 결과, 학생들의 긍정지수가 높을수록 강의와 교우관계에 만족했죠. 부정성향일수록 학교적응력이 떨어졌고, 스트레스 수준도 높았죠. 오스트레일리아의 교육전문 분석기관인 더 에듀케이터(The Educator, 2020)도 긍정성향을 학교성적향상의 열쇠로 봤죠. 긍정적인 태도가 어떻게 학교성적을 향상시키나(How a positive attitude can boost academic outcomes)란 글이에요. 축약하면 이래요.

웨스턴시드니대학교의 홀메스(Holmes, K.) 교수 등은 6,000명의 학생들을 대상으로 긍정성향과 학교성적의 관계를 분석했다. 긍정성향요소를 학업에 대한 호감도, 자신감, 가치로 삼았다. 연구결과, 학생들의 긍정성향이 높을수록 학교성적(특히, 과학, 수학)이 높았다. 그들은 수업을 더 좋아했고 더 열중하는 경향이 컸다.

2024년 코라디노(Corradino, C.) 등의 연구, '긍정적 감정과 학업성취도(Positive emotions and academic achievement)'엔 긍정성과 학교성적의 연관성이 폭넓게 정리돼 있어요. 핵심만 간추릴게요.

파블로프(Pavlov, 1928) 이후 긍정성이 학습에 미치는 영향을 규명하려는 연구들이 부쩍 많아졌다. 몇몇 연구들(Elliot 등, 2002; Parker 등, 1993)처럼 때로는 부정적 감정이 학습에 이로울 때가 있다. 이를테면, 분노 등의 '부정적 감정은 새로운 각오를 다짐하는 힘'이 될 순 있다. 그러나 '부정적 감정은 결국 학력을 서서히 저하'시킨다며 경고했다. 반면, 긍정적 사고력은 집중력을 키워준다. 또 변화하는 낯선 상황에 잘 대처하는 문제해결력과 창의력을 발휘하도록 돕는다(Csikszentmihalyi, 1997; Gable 등, 2010). 그뿐인가. 긍정적 감정은 시험불안이나 학업 스트레스를 잘 견디며 빨리 회복하도록 돕는다(Papousek 등, 2010; Suldo, 2013). 결국, 긍정성향 학생들은 자기효능감도 학업성취도도 높다. 그러니 더 오래도록 열심히 학교공부를 할 수 있게 되는 것이다.

운동이 긍정성향을 어떻게, 얼마나 만드나

그렇다면, 운동은 긍정성향을 형성하는 데 과연 얼마나 도움이 될까요. 캐나다 아동전문병원 키즈헬스에 따르면(KidsHealth, 2020), 운동은 자녀들의 "정신건강을 돕는 최고의 처방"이라며 극찬합니다.

자녀에게 적당한 운동은 엔도르핀 분비를 촉진시킨다. 엔도르핀은 뇌에서 분비하는 '기분 좋은' 화학물질이다. 긍정적 사고를 갖게 해주고 수면의 질을 개선시킨다. 아이들이 경험한 극도의 불안감은 쉽게 사라지지 않는다. 그 불안감은 점점 커지고 또 다른 불안상황을 연상케 한다. 불안이 악순환하는 거다. 이때 신체활동이 좋은 솔루션이 된다. 자녀가 운동하면서 새로운 동작에 도전하고 성취감을 맛보게 하라. 그러면 불안의 악순환을 끊을 수 있다. 또래와 어울려 운동하면 친밀감과 소속감까지 덤으로 생긴다. 자녀가 꾸준히 운동을 즐기다 보면 자신의 신체능력과 몸매에 만족감을 갖게 된다. 신체 만족감이 커지면 자존감과 자신감도 커진다.

세계 최대 비영리 의료센터인 매이요 클리닉(Mayo Clinic)도 헬스키즈의 견해와 비슷해요. 2022년에 쓴 운동과 스트레스: 움직이며 스트레스 관리하기(Exercise and stress: Get moving to manage stress)란 논고가 눈에 띕니다. 대폭 간추려 볼게요.

운동의 스트레스 해소효과는 꽤 크다. 무엇보다 엔도르핀 분비를 촉진해서다. 엔도르핀의 양이 증가하면 '러너스 하이(runner's high)'현상을 동반한다. 이때 스트레스가 사라지며 긍정적 사고력이 커진다. 불안과 우울증 등의 정신적 문제도 줄어들고 숙면할 수 있다.

'러너스 하이'란 말은 심리학 교수 맨덜(Mandell, A.)이 처음 썼어요. 달리기 애호가들이 느끼는 희열감을 뜻해요. 구름 위를 날거나 환상 속 들판을 걷는 기분이죠. 전문가들에 따르면, 마약환각상태와 유사해요. 스트레스는 물론, 통증까지 줄여주기도 해요. 뇌에서 엔도르핀 분비수치가 높아질 때 러너스 하이를 느끼죠. 러너스 하이를 느끼려면 분당 약 120회 이상의 심장박동수를 유지하며 30분가량 달려야 돼요. 쉽지 않은 유산소운동이죠. 저는 굳이 러너스 하이를 권하진 않아요. 애써 무리하게 운동할 필요는 없어요. 부상도 염려되고요. 특히, 신체기관이 미완성 단계인 애들에겐 '득이 아니라 독'이죠. 성인이든 애들이든 적당한 유산소운동만으로도 엔도르핀은 분비되고 긍정성향이 돼요. "성향이 바뀌면 성적도 바뀝니다."

2024년 찰스(Charles, S.)의 논고에서도 적당한 운동을 권장해요. 그는 '운동의 5가지 정신적 이득(5 Mental Benefits of Exercise)'에서 적당한 운동이 긍정성향을 형성해 주는 이유를 이렇게 말했어요.

적당한 운동으로 심장박동수를 높이면 노르에피네프린(norepinephrine)이 분비된다. 이것은 신경전달물질 혹은 호르몬이다. 스트레스로 손상된 뇌세포를 재생시킨다. 항스트레스제와 항우울제의 성분이기도 하다.

운동할 때 분비하는 노르에피네프린은 인지기능 개선효과가 커요. 특히 학습몰입효과가 탁월하죠. 이제 슬슬 집중력 얘길 해볼까요.

   이렇게 운동해야 성적 오른다

"운동하면 집중력 생겨 공부 잘돼"

운동의 집중력 향상효과, ADHD까지 개선돼

운동하면 성적이 향상되는 네 번째 이유가 있어요. "운동이 집중력을 향상시킨다."는 겁니다. 만일 자녀의 학교성적이 나쁘다면 가장 큰 원인은 뭘까요. 많은 전문가들은 먼저 집중력장애를 꼽아요. 공부시간이 길면 뭘 해요. 집중하지 못하면 꽝인걸요. 그럼, 집중력장애는 왜 생길까요. 우울증과 불안장애가 가장 큰 이유죠(Leigh 등, 2018; Nail 등, 2015; Norton 등, 2016; Riglin 등, 2014; Vilgis 등, 2015). 집중력은 어떤 주제나 활동에 마음을 꾸준히 모으는 힘이죠. 그 힘으로 정보를 이해, 기억하고 해결책을 찾게 돼요. 집중력이 모든 학습의 필수인 이유죠. 결국, 집중력이 강할수록 문제해결력도, 학교성적도 향상돼요. 자긍심과 성취감이 덩달아 커지고요(Linked In, 2023b). 그럼, 집중력은 어찌 키울까요. 운동이 가장 쉽고 좋은 방법이에요.

앨튼버그(Altenburg, T.) 등(2016)은 '네덜란드 초등학생의 아침시간 1~2회 중강도 신체활동이 선택적 주의력에 미치는 효과(Effects of one versus two bouts of moderate intensity physical activity on selective attention during a school morning in Dutch primary schoolchildren: A randomized controlled trial)'를 연구했어요. 운동이 초등학생의 '선택적 주의력(selective attention)'을 얼마나 향상시킬지 알아보려고요.

선택적 주의력이란 여러 자극이 동시에 생길 때 그 중 하나에만 선택적으로 반응하는 능력을 말해요. 다른 방해요소들이 생겨도 자신이 선택한 부분에 강한 집중력을 보이죠. 잘 아시듯이, '칵테일파티효과(cocktail party effect)'가 그 예죠. 시끌벅적한 칵테일파티 중에도 저 멀리서 다른 사람들이 나누는 자기 얘길 듣는 현상이죠. 음악이 흐르고 고객들이 웅성거리는 카페에서 독서삼매경에 빠지는 경우도 좋은 예랄 수 있죠. 앨튼버그(Altenburg, T.) 등(2016)은 아이들을 세 그룹으로 나눴어요. '앉아서 학습과제 수행그룹', '학습과제 수행 후 20분간 운동그룹', '학습과제 전후 각각 20분 운동그룹'이었죠. 그리곤 그 세 그룹의 선택적 주의력을 테스트했어요. 그 결과, 학습 전후 운동그룹, 학습 후 운동그룹, 학습만 했던 그룹 순으로 선택적 주의력 점수가 높았죠. 학습 전후 운동했던 그룹의 점수는 다른 두 그룹에 비해 월등히 높았어요.

그리에코(Grieco, L.) 등(2016)과 자브리스키(Zabriskie, H.) 등(2019)의 연구결과도 꽤나 흥미로워요. 그리에코 등은 '신체활동 기반학습 대 일반학습: 초등학생의 과제수행지속시간 반응 비교연구(Physically active vs sedentary academic lessons: A dose response study for elementary student time on task)'를 했어요. 텍사스의 초등학생들에게 영어철자법 과제를 냈죠. 그리곤 두 그룹으로 나눴어요. 한 그룹은 교실의 의자에 앉아서, 다른 한 그룹은 신체활동(릴레이 게임)을 하며 학습했죠. 연구결과, 신체활동 학습그룹의 과제집중시간이 훨씬 길었죠. 학교성적도 당연히 더 높았고요. 성인도 예외는 아녔어요. 자브리스키 등은 '운동으로 인한 각성 기반학습의 효과(Effectiveness of Studying When Coupled with Exercise-Induced Arousal)'를 연구했죠. 연구대상은 성인(18~30세)이었어요. 이들의 과제는 고유명사를 암기하는 거였어요. 세 그룹으로 실험했어요. 30분 사이클링 중 암기하기, 30분 사이클링 후 30분 암기하기, 그리고 운동 없이 30분 암기하기. 24시간 경과 후 암기회상 테스트를 했죠. 결과는 운동하며 암기했던 그룹이 다른 두 그룹에 비해 훨씬 좋은 점수를 받았죠. 물론, 운동 후 암기했던 그룹도 암기만 했던 그룹보다 더 높은 성적을 거뒀고요. 연구자들은 이를 운동의 각성(arousal) 효과라 해석했어요.

이 연구들은 "공부 중에 몸을 움직이면 정신이 산만해진다."는 주장에 일침을 가하는 결과예요. 운동과 학습을 병행하는 게 되레 성적을 올려준단 얘기죠. 운동의 주의력 강화효과예요(Fedewa 등, 2018; Mullender-Wijnsma 등, 2015 외 다수). 이 놀라운 효과는 ADHD일 때도 발휘돼요. 아시듯이, ADHD는 '주의력결핍과 과잉행동장애(Attention Deficit & Hyperactivity Disorder)'라 하죠. 보통 주의력결핍증이라 말해요. 하지만 지속적으로 '주의력이 부족해 산만한 증상(AD)'과 '충동적 과잉행동(HD)'을 보여요. 두 증상을 다 보이기도, 하나만 보이기도 해요. ADHD의 특성으로 충동적 난폭행동을 보이는 과잉행동장애를 떠올리죠. 하지만 얌전히 주의력만 약한 경우도 많아요. 조용한 ADHD죠. 학교수업에서 ADHD 아동들은 앞에서 살펴보셨던 '선택적 주의력'이 약해요. 해서, 교사의 설명을 듣다가도 친구나 외부의 자극이 생기면 곧장 그리로 관심을 돌려요. 시험문장을 끝까지 집중해 읽기도 어려워요. 성적이 좋을 리 없죠. 또 과잉행동증상이 있다면 수업 중 가만히 있질 못해요. 팔다리를 계속 움직이거나 아예 자리를 박차고 뛰어다닐 수 있죠. 학교생활에 적응하기 곤란해요. 남의 얘기만은 아니에요. 저도 그 부모님들의 쓰라린 아픔을 잘 헤아리고 있어요. 도대체 이 몹쓸 ADHD의 원인은 뭘까요. 아직 확실한 까닭을 몰라요. 안타까운 노릇이죠. 다만, 뇌신경발달장애란 견해가 많아요. 전문가들은 전두엽 기능이상을 주목해요. 주의집중, 욕구, 충동조절 등을 주로 전두엽이 관장해서죠. 현재 운동요법이 꽤 주목

받아요. 운동이 도파민, 카테콜아민, 엔도르핀 등의 호르몬 분비를 촉진하잖아요. 운동하면 뇌파에 좋은 변화도 생겨요. 스트레스로 생긴 세타파, 델타파, 베타파가 줄고 알파파가 증가하며 안정감을 되찾아요. 안절부절못하거나 충동적인 행동이 급격히 줄어드는 거죠.

2024년에 ADHD 처방연구가인 제이콥슨(Jacobson, R.)은 운동의 ADHD 개선효과를 이렇게 정리했어요.

ADHD 아동들에게 약물요법이 보편화돼 있다. 그러나 치료가 더뎌 부모들은 다른 대안을 찾고 있다. 운동은 그 희망의 등불이 될 수 있다. 운동이 기적의 치료법은 아니다. 그러나 확실한 건 두 가지다. 하나는 적당한 운동은 부작용이 없단 거다. 다른 하나는 생각했던 것보다 그 효과가 획기적이란 거다. 많은 연구들에 따르면, 운동은 ADHD 아동들의 집중력과 인지력을 향상시킨다. 또 불안과 스트레스를 대폭 줄여준다. 결국, 꾸준히 운동하면 ADHD 증상이 사라질 수도 있다. 다만, 절대 유의해라. 또래들과 부딪히며 경쟁하는 스포츠나 규칙이 까다로운 게임 등은 피해라. ADHD 아동에겐 그 상황이 지뢰밭(minefield)처럼 느껴질 테니까(>_<).

살펴보셨듯이, 운동의 집중력 향상효과는 매우 커

요. 굳이, ADHD 아동이 아니라도 집중력은 필수죠. 학교에서든 학원에서든 집에서 공부하든요. 집중력은 성적향상을 위한 첫 단추입니다.

공부체력, 체력 좋을수록 학교성적 높아

운동의 성적향상효과, 다섯 번째 이유는 "운동이 체력을 길러준다."는 겁니다. "체력수준과 학교성적은 정비례한다."는 주장은 이미 오래전부터 꽤나 많은 연구들로 입증돼 왔죠(예를 들어, Basch, 2011; Donnelly, 2017; Edwards 등, 2011; Eveland-Sayers 등, 2009; Fedewa 등, 2018; Grissom, 2005; Pantzar 등, 2018; Roberts 등, 2010; Srikanth 등, 2015; Van Dusen 등, 2011; Welk 등, 2010). 많은 연구결과들을 나열할 필요는 없겠죠. 공부에도 체력이 필요하단 걸 잘 아시니까요. 다만, 많은 연구들 가운데 도넬리(Donnelly, J.)의 결과는 마음에 좀 더 와닿아요. 2017년에 발표한 '체력과 학교성적의 관계(The Relationship Between Physical Fitness and School Performance)'입니다. 확 줄여서 핵심만 볼게요.

이 연구는 아이들의 체력이 과연 학교성적과 상관이 있는지 알아보는 데 목적이 있다. 이를 위해 미국 플로리다 여중생(평균나이 13.1세)들을 대상으로 삼았다. 먼저 학교체육수업시간에 그 아이들의 건강 관련 체력을 평가(fitness gram)했다. 또 개인

별 체질량지수(BMI), 출석 및 결석 일수, 교칙위반 기록까지 참고했다. 연구결과, 아이들은 건강 체력수준이 높을수록 학교성적이 확실히 우수했다. 이는 전체 과목에서 '체력과 학교성적이 정비례'한단 걸 뜻한다. 교과 중, 특히 수학과 국어(읽기)의 성적 차이가 더 두드러졌다. 이 결과는 학생들의 체력수준이 수학과 국어의 점수와 정비례한다는 바스(Bass) 등(2013)과 스리칸스(Srikanth) 등(2015)의 연구들과 일치했다. 이 연구에서 학생들의 교칙위반 상태는 체력이나 BMI의 결과랑 연관성은 없었다. 다만, 학생들은 체력수준이 낮을수록 결석횟수가 많았다. 특히 BMI와 결석률은 유의미하게 상관있었다.

사진출처: flicker(2024) by Cross, J.

"체력이 0순위 학습방략인데...."

도넬리(Donnelly, J.)의 연구에서 건강 관련 체력평가는 유산소 능력, 신체구성(체지방의 분포와 비율 평가), 근력, 근지구력 및 유연성을 측정하는 거예요. 이 테스트는 에어로빅체조의 창안자, 쿠퍼(Cooper, K.) 박사팀이 개발했죠. 현재 미국 4~12학년 학생들을 대상으로 모든 주에서 실행하고 있어요. 그리고 체질량지수(Body Mass Index: BMI)는 신장과 체중의 비율로 비만 여부를 계산하는 지수죠(스마트폰으로 자동 계산 돼요). 도넬리의 연구에서 BMI 지수로 비만인 학생들은 체력수준도 학교성적도 낮았어요. 또 결석률과는 매우 깊은 상관이 있었죠. 이 결과들은 우리나라 교육당국과 학부모님께 경종이 되죠. 꼭 유념하시면 좋겠네요.

'체력은 국력'이죠. '체력은 학력'이기도 해요. '공부체력'이란 말도 있죠. 오랜 시간 앉아 있으려면 체력은 절대필수예요. 대학입시를 대비한다면 중고등학교 6년은 꼬박 열공해야죠. 초등학생 때부터 준비한다면 최소 10년 이상은 걸려요. "나 땐 말이야, 코피 뚝뚝 흘리며 깡으로 공부했다."며 뽐내던 시절은 지났죠「(^^). 그땐 그나마 신체활동이 많아 체력이 튼실하던 때였어요. 지금의 아이들은 약해요. 그때보다 체격은 커졌지만요. 체력이 약하니 면역력도 약할 수밖에요. 결국 도넬리(Donnelly, J.)의 연구 결과처럼 잦은 병치레 탓에 공부를 잘하기 어렵죠. '체력은 0순위 학습방략입니다.'. 열공해 학교성적 올리려면 뭣보다 체력부터 길러야 해요. 그래야 공부머리도 공부마음도 형성되니까요.

그럼, 어떤 운동을 어찌해야 학교성적이 오를까요. 이건 이 책의 매우 중요한 포인트죠. 앞의 수많은 연구결과들에서 보셨듯이, 그 효과는 운동에 따라 달라져요. 운동을 잘 못하면, 학습효과가 아예 없기도 하고 되레 부작용이 생기기도 해요. 이제, '논의'와 '적용' 부분에서 공부효과를 올리는 운동들과 그 올바른 방법을 살펴보기로 해요.

지금까지 살펴봤듯이, 운동하면 뇌 사이즈가 커져 더 많은 학습량을 더 빨리 처리해요. 운동하면 뇌신경세포 영양 거름인 BDNF 분비가 촉진돼 총명한 인지기능을 발휘해요. 운동하면 긍정성향이 돼 공부 스트레스가 확 줄고 학력을 키웁니다. 운동하면 주의집중력이 강화돼 학습내용을 더 빨리 더 많이 이해해요. 자녀가 스트레스 없이 공부 잘하길 원하시나요. 먼저 체력부터 길러주세요. 오늘부터, 지금부터요.

사진출처: Stock Cake(2024)

"모래에서 금 고르듯, 공부 돕는 좋은 운동들을 꼼꼼히 가려내야 돼요"

III. 논의: 좋은 운동 가려내기
FINDING GREAT EXERCISES

우리는 앞에서 운동하면 공부를 잘하게 된단 주장과 그 이유를 살펴봤어요. 인문학적 관점과 과학적 근거를 꼼꼼히 따지면서요. 자, 이제 가장 중요한 건 뭘까요. 그럼, '학교성적향상을 위해 더 '좋은 운동'은 뭘까.'란 것과 '그 운동을 어떤 방략으로 실시해야 될까.'란 걸 알아보는 거죠. 학습방략에 대해선 뒤의 '적용' 부분에서 자세히 다루기로 하고, 여기선 운동의 내용과 원리부터 알아볼게요. '학교성적을 올리는 좋은 운동'은 다음의 '4가지+1팁'이에요.

1. **자연**에서 운동하라
2. **유**산소운동을 하라
3. **행**복한 운동을 하라
4. **복**합운동을 하라
tip. 손가락운동을 하라

네, 이 '4가지+1팁' 운동은 자녀의 학교성적향상에 매우 큰 도움이 될 거라 확신합니다. 4가지의 각각 첫 글자를 따보면 '자유행복' 운동이죠. 공부에 지쳐 불행한 우리 아이들이 '자유롭고 행복하게' 운동하면 참 좋겠단 평소 제 신념을 담았어요. 외우기도 참 쉽죠. '자유행복' 운동. 이제, 그 내용과 원리를 자세히 살펴봐요.

"자연에서 운동하면 성적 올라요"

사진출처: Stock Cake(2024)

"숲에서 그저 걷기만 해도 공부 잘하는 이유는..."

공부머리 만드는 숲 공장의 비밀

저는 좋은 운동을 논할 때 가장 먼저 루소를 떠올려요. 그에게 자연은 알파에서 오메가였죠. '모든 것은 자연에 따라서(Everything is according to nature)'란 그의 교육이념은 페스탈로치, 몬테소리, 슈타이너 등 수많은 교육가들의 금과옥조가 됐어요. 특히, 몬테소리는 자연환경 속 본능적 신체활동을 강조했죠. 그녀는 국립장애인학교 교장 시절 사지감각을 자극하는 자연놀이를 주로 가르쳤어요. 그 놀이로 지적 장애아들의 인지력을 크게 개선했기 때문이죠(Ackerman, 2019; Povell, 2007). 슈타이너의 발도르프학교에서도 자연놀이는 주요학습이었죠. 그는 신체, 마음, 그리고 인지를 유기적 관계로 봤어요(Idler 등, 2021). 자연 속 신체활동 효과는 이미 오래전 동양철학사상에서도 엿볼 수 있죠. '인문학적 관점'에서 살펴보셨듯이, 노자나 장자의 숲속 양생법은 참지혜 형성과 연결돼 있죠(莊子, BC. 290年頃; Wong 등, 1936). 긍정성향인 '호연지기'를 길렀던 화랑교육환경도 자연이었어요(김부식, 2017). 평소 등산을 즐겼던 퇴계 선생의 활인심방에서도 '몸, 마음, 자연환경의 조화'를 강조했습니다(李滉, 1550).

2023년에 위든(Weeden, M.)이 쓴 숲이 건강에 좋은 18가지 이유(18 Reasons trees are good for our health)를 보면, 숲은 혈중 코르티솔(cortisol) 수치를 빨리 낮춰줘요. 코르티솔은 스테로이드 호르몬입니다. 이 호르몬은 우리 몸이 스트레스를 견디도록 돕죠. 그러나 스트레스가 과도하거나 만성일 때는 코르티솔의 혈중농도가 확 증가해요. 그 결과, 폭식, 비만, 만성피로, 만성두통, 면역저하가 생겨요. 공부 스트레스의 대표적 증상이죠. 이런 까닭에 숲은 스트레스 해소와 긍정성향 형성을 위한 훌륭한 솔루션이죠(Gascon 등, 2017; Grilli 등, 2020; Korpela 등, 2014 외 다수). 또 숲은 인지력 향상을 도와요. 위든은 초기 치매환자들을 삼림활동에 참여케 했어요. 그 결과 행복감은 물론, 공간지각과 인지력이 크게 향상됐죠. 또 숲에 데려간 아이들도 모두 집중력이 커졌어요. 학교성적도 크게 올랐죠. 위든은 숲의 성적향상효과를 이렇게 해석했어요.

많은 연구들에 따르면, 숲의 녹색환경은 ADHD 증상을 크게 줄여준다. 일반 아이들도 숲을 가까이할수록 학교성적향상효과가 비례한다. 아이들의 집중력이 커지고 마음이 안정돼 학습정보처리능력이 개선돼서다.

루소와 칸트를 비롯한 수많은 위인들이 글 쓰거나 작곡 전에 매일 산책했던 이유입니다. 2024년에 뉴욕주정부도 ADHD 아동들이 숲에 머무르는 만큼 주의력결핍과 과잉행동이 줄어든다고 보고했어요(New York State Government, 2024). 테일러(Taylor, A.) 등(2009)은 굳이 울창한 숲 말고 공원만 잠깐 걷더라도 집중력은 물론, ADHD까지 개선된단 연구결과를 내놨죠.

야네츠코(Janeczko, E.) 등(2023)은 '숲속 신체활동의 심리적 건강이득: 폴란드 청년대상 현장실험(Physical Activity in Forest and Psychological Health Benefits: A Field Experiment with Young Polish Adults)'을 했어요. 숲에서 어떤 활동을 하는 게 더 유익한지 알아보려고요. 핵심내용은 이래요.

숲의 건강효과에 대한 연구들은 많다. 그러나 우리 연구처럼 그 효과를 신체활동별로 비교한 연구는 거의 없다. 우리는 바르샤바 청년들을 세 그룹으로 나눴다. 걷기그룹, 산악자전거 타기그룹, 그리고 가만히 앉아 휴식하는 그룹이었다. 세 그룹은 실험 전후 전문적 심리테스트에 임했다. 연구결과, 모든 그룹에서 부정적 감정이 줄고 긍정적 사고가 늘었다. 그런데 "가장 큰 효과를 거둔 건 의외로 '걷기그룹'이었다." 이들은 특히 긴장, 분노, 피로, 우울증 수치가 대폭 감소됐다. 동시에 집중력과 활력은 크게 증가했다. 통계적으로도 매우 유의미한 결과였다. 이는 선행연구들(Grassini, 2022; Ochiai 등, 2015; Takayama 등, 2014; Toda 등, 2013)의 결과와 유사했다. 선행연구들에 따르면, 숲을 혼자 걷기보다 동료나 가족들과 함께 걸을 때 평온함이 증가했다. 동시에 불안과 우울, 분노, 피로 등은 감소됐다. 또 힘든 지형의 등산이나 산책은 오히려 생리적 스트레스를 증가시켰다. 우리 연구에서도 걷기 쉬운 길을 택했다. 굳이, 울퉁불퉁하거나 비탈진 산책길을 고집할 필요가 없다.

저는 오래전부터 이런 얘길 해왔어요. "공부 잘하는 데 가장 필요한 책이 뭘까요? 바로 '산책'입니다٩(�'∀ˋ)و." 우스갯소리 같지만 산책의 공부향상효과는 확실히 커요. 그 장소가 숲이라면 더욱이요.

공기랑 공부랑 뭔 상관?

그렇다면, 숲의 무엇이 긍정성향과 집중력 등을 키워 공부 잘하는 자녀로 만들까요. 전문가들은 숲 특유의 공기, 자연의 소리, 그리고 녹색의 효과를 꼽아요. 앞의 위든(Weeden, M.)도 녹색효과가 아이들의 주의력과 안정감을 키워 학습에 이롭다고 말했죠. 녹색효과는 이미 널리 알려진 상식이죠. 하여, 여기에선 숲의 공기와 소리에 대해 알아보기로 해요.

먼저, 공기 얘길 할게요. 뇌 기능이 정상적으로 작동하려면 산소는 절대필수요소예요. 산소가 부족하면 뇌 기능 저하는 물론, 두통, 스트레스, 불안, 우울 등이 생겨요. 공기 중 산소비율은 21%예요. 하지만 실내에선 18%에 불과하고, 숲에선 23%나 돼요. 공기 질은 어떨까요. 학교든 가정이든 운동장이든 도심 공기는 분명 숲 공기보다 훨씬 더럽죠. 아황산가스(SO_2) 등 수많은 유해가스들, 황사와 미세먼지 등 각종 유해물질들, 이런 게 뒤섞여 범벅된 도심 공기. 운동이 공부머리를 어떻게 만들까요. 뭣보다 우리 몸에 맑은 공기를 채워줘서죠. 특히 뇌에 깨끗한 산소가 공급돼야 공부머리가 되죠. 그런데 대기오염을 잔뜩 마시며 운동하면 뇌가 어찌 될까요. 운동하면 평상시보다 훨씬 더 많은 공기를 마시게 돼요. 우리는 평상시 1회 호흡 시 500ml 공기를 마셔요. 생맥주 한 잔 분량이죠. 보통 1분에 16~18회 호흡해요. 약 8,500ml죠. 1시간엔 약 510리터(510,000ml)예요. 그러나 운동에 따라선, 평상시보다 3~10배나 더 많이 마셔야 돼요. 하버드대 공중보건학교(Harvard TH Chan)에 따르면(2024), 대기오염은 뇌에 염증을 일으키고 뇌신경을 파괴해요. 최근 알츠하이머와 파킨슨병 등의 인지장애나 신경퇴행성질환 증가는 대기오염과 관련이 커요. 정신신경학 박사, 준델(Zundel, C.)은 이렇게 경고했어요 (Zundel, 2022).

아직 뇌 발달이 완성되지 않은 청소년기에는 대기오염으로 평생 치명적인 뇌 손상을 입을 수 있다.

결국 공기 나쁜 도심에서 운동할수록 공부에 도움을 주기는커녕 건강을 망칠 수 있어요. 꼭 유념하시면 좋겠습니다.

"산이 깊어야 범이 있다."는 말이 있어요. 깊은 산에 어디 호랑이만 있나요. 질 좋은 공기도 있죠. 숲은 명품산소

   이렇게 운동해야 성적 오른다

공장이에요. 도심의 독성공기와는 확실히 다르죠. 1헥타르(100m ×100m)는 축구장 넓이랑 비슷해요. 이 정도 숲에서 연간 68톤 먼지를 깨끗이 정화해요. 무려 68톤입니다. 숲속 산소가 명품인 이유는 또 있어요. 모두 잘 아시는 피톤치드(phytoncide)가 듬뿍 들어 있어서죠. 피톤치드는 잎을 뜻하는 '파이톤(phyton)'과 죽음을 뜻하는 '사이드(cide)'의 합성어예요. 식물이 자기방어를 위해 내뿜는 살균, 살충물질이 피톤치드죠. 피톤치드의 여러 성분 중 테르펜(terpene)의 효능이 으뜸이죠. 숲의 상큼한 냄새는 테르펜 향기예요. 테르펜은 편백나무, 잣나무, 소나무 등 침엽수에 많아요. 활엽수의 10배 이상이요. 테르펜은 심신안정, 만성피로, 스트레스 해소에 좋아요. 각종 염증과 통증도 치료해요. 의약품인 이유죠. 테르펜 효능에 관심이 크시다면 맑고 산들바람이 부는 날 울창한 숲으로 가세요. 특히 맑은 계곡물이 흐르는 곳이나 호숫가로 가세요. 테르펜 뿜는 양도 많고 농도도 짙은 곳이니까요(손준구, 2011).

애가 공부할 시간도 없는데 숲에 어찌 데려가냐는 부모님들이 계십니다. 뭐, 굳이 큰 산이 아니어도 좋아요. 축구장 1개 크기 정도 침엽수 숲에 있으면 명품공기를 마실 수 있죠. 또 앞서 말씀드렸듯이(Taylor 등, 2009), 공원에서 잠깐 걷는 것만으로도 집중력과 ADHD 개선에 좋아요. 다행히 우리나라는 어디 살든 가까이에 작은 숲이나 공원이 있잖아요.

산책길이 마땅찮다면 산들바람 맞으며 심호흡만 해도 좋아요. 숨쉬기운동을 얕보는 사람이 많아요. 하지만 어쭙잖은 유산소운동보다 낫습니다. 코로 들숨해 보세요. 추운 날엔 입으로 마신 찬 공기가 곧바로 몸속에 들어가 냉해를 입을 수 있어서죠. 만일, 도심이라면 춥지 않아도 당연히 코로 들숨해야죠. 콧속 털과 끈끈한 점막이 대기오염물질을 걸러주니까. 날숨은 입으로 해도 괜찮아요. 명품산소가 많은 숲에선 천천히 심호흡하세요. 들숨 때는 두 팔을 양옆으로 벌리며 손바닥을 바깥으로 틀어주세요. 그러면 더 많은 양의 산소를 마실 수 있죠. 1~2초간 숨을 멈춘 후 서서히 날숨해요. 이때는 손바닥을 안으로 되틀며 벌렸던 두 팔을 아랫배로 모으세요. 그럼 산소를 편히 내쉴 수 있죠. 이런 식으로 1~2분만 심호흡해도 가슴이 뻥 뚫리며 울화가 말끔히 사라져요. 머리도 맑아지고 기쁨도 넘치죠. 행복호르몬이 팍팍 분비된단 뜻이죠. 굳이 이런저런 이름조차 어려운 호흡법을 애써 하진 마세요. 명품산소가 있는 숲에선 심호흡만 해도 심기일전해 공부를 잘하게 되니까요.

하지만 숲속 운동효과를 좀 더 누리고 싶다면 움직여야죠. 그래야 명품산소를 더 많이 마실 수 있죠. 앞의 야네츠코(Janeczko, E.) 등(2023)의 결과처럼 숲길을 걸으세요. 그녀 말처럼 굳이 가파른 산행을 하진 마세요. 자녀들이 원하는 운동도 좋죠. 운동이라기보다 즐거운 놀이죠. 숲속 언덕을 뛰어오르거나 내리는 놀이, 껑충껑충 뛰거나 구르는 놀이, 나무 사이로 달리며 술 래잡기 등의 신체놀이. 또 낙엽 줍기, 솔방울 던지기, 흙이나 모 래를 파고 쌓기 등의 자연 본능적 놀이도 꽤 좋죠. 또 요즘엔 지자체마다 숲 놀이 시설을 잘 갖춰놨죠. 통나무 걷거나 뛰어넘기, 줄타기, 줄 오르기 등등…. 뭐든 좋아요.

뇌 깨우는 숲속 마법의 소리들은

자연에서 운동할 놀라운 이유가 또 하나 있죠. 네, 자연의 소리예요. 숲의 산새소리, 바람소리, 물소리 등이 건강에 이롭단 연구들은 참 많아요(이를테면, Jarský 등, 2022; Koltuska-Haskin, 2023; Ochiai 등, 2020; Ratcliffe, 2021 외 다수). 숲의 소리는 집중력 증진, 시냅스(synapse: 뇌신경세포들의 연결 틈새) 활성화, 만성피로 해소, 그리고 긍정성향을 키워준단 얘깁니다. 특히, 뇌의 시냅스 기능이 활성화되면 학습정보의 인식과 처리가 잘돼요. 공부머리가 형성되는 거죠. 또 숲에 직접 안 가고 녹음해 청취해도 효과가 있대요. 오치아이(Ochiai, H.) 등(2020)의 연구에 따르면, 도박중독자들에게 숲의 소리를 들려줬더니 불안감과 우울감이 대폭 사라졌어요. 게임중독아동에게도 효과가 크겠죠. 물론, 숲 현장에 직접 가면 당연히 더 좋죠. 쫑쪼르르 새들의 노랫소리, 찌르르르 풀벌레 소리, 졸졸졸 계곡 물소리, 콰르르 폭포소리, 쏴아아 바람소리. 이런 자연의 소리가 유익한 건 음이온(negative ion) 덕이에요(손준구, 2011; Bowers 등, 2018; Linked In, 2023a). 숲의 음이온은 도시에 비해 14~70배나 많아요. 부디 자연환경에서 운동하세요. 자녀들의 성적과 행복이 쑥쑥 오를 테니.

지금까지 많은 연구들을 살펴본 결과, 숲속에선 어떤 신체활동이든 좋아요. 숲에 그저 머물기만 해도 두뇌계발에 이로우니까요. 운동은 그저 거드는 정도죠. 다만, 숲에서 운동하면 공부머리와 공부마음 형성효과가 더 커지죠. 그러나 연구결과, 중강도 유산소운동이나 힘든 산행보단 평탄한 숲길을 여유롭게 걷는 게 효과가 더 커요. 자연에서 자녀들이 할 수 있는 운동방법들을 정리하면 이래요.

이렇게 운동해야 성적 오른다

자연 속 운동 핵심정리

a. 숲으로 간다.

- 가까운 동네 뒷산도 공원도 좋다.

b. 맘 편한 가벼운 운동을 한다.

- 명품산소를 마신다.

- 굳이 뛰거나 달리며 땀 흘리는 유산소운동을 하지 마라.

- 자연스레 걷는 게 더 좋단 연구들이 많다.

- 즐겁게 대화하며 여럿이 걸으면 더 좋다.

c. 자연의 소리를 듣는다.

- 가급적 은은히 자연의 소리가 들리는 곳에서 운동한다.

- 심호흡만으로도 좋다.

- 그저 멍때리기 하며 머물며 쉬어도 좋다.

d. 자연 본능적인 놀이를 한다.

숲속 언덕을 뛰어오르거나 내리는 놀이, 껑충 뛰고 구르는 놀이, 나무 사이로 달리며 술래잡기 등의 신체놀이. 또 낙엽 줍기, 솔방울 던지기, 흙이나 모래를 파고 쌓기, 통나무 걷기나 뛰어넘기, 줄타기, 줄오르기, 징검다리 건너기, 물수제비놀이, 각급학교(유치원/초등학교/중학교/고등학교) 체육교육과정 중 자연활동내용들 등등

e. 적당시간 머물거나 운동한다.

- 20~60분이면 공부머리가 형성된다.

- 물론, 숲에 오래 머물수록, 숲에서 공부할수록 효과가 더 크다. 숲 속 사찰, 별장에서 공부해 고시패스 했단 얘기가 빈말 아니다.

"유산소 운동 하면 성적 올라요"

사진출처: Stock Cake(2024)

"뛰놀수록 왜 공부 잘할까"

바로 앞에서 숲의 명품산소 애길 했었죠. 이제 유산소운동으로 연결지어 볼까요. "운동은 왜 하는가."란 질문에 "우리 몸에 좋은 산소 채우려고."라고 답해도 틀리지 않아요. "운동은 정신이 멍해지는 상태를 치료한다."던 고대 인도의사, 수스루타(Tipton, 2014). 또 "운동은 몸속 나쁜 공기를 배출하고 혈액순환을 도와 맑은 정신을 갖게 한다."던 전설의 명의 화타(Wong 등, 1936). 삶의 참지혜를 얻고자 숲속에서 걷기와 심호흡하기를 실천했던 노자와 장자(莊子, BC. 290年頃). 그리고 "자연의 맑은 공기를 마시며 운동하면 정신의 각성을 돕는다."던 퇴계와 허준(李滉, 1550; 許浚, 1610). 이들이 권했던 운동들은 지금의 유산소운동과 무관했을까요.

유산소운동 하면 왜 공부 잘할까

우리가 흔히 아는 유산소운동은 '숨이 조금 찰 정도를 15분 이상 지속하는 운동'이에요. 중요한 건 운동시간이 15분이 아니에요. 숨이 차오를 때부터 15분이란 겁니다. 그래야 여러 효과들이 생겨요. 걷기, 달리기, 수영 등이 대표적 유산소운동이죠. 유산소운동이란 말은 미국 심장전문의사인 쿠퍼(Cooper, K.)가 처음 썼죠. 그는 1968년에 심장병 치료목적으로 이 운동을 연구했죠. 요즘엔 유산소운동이 비만, 혈압, 인지력 등의 개선에도 효과가 있다고 밝혀졌어요.

우리는 앞의 과학적 근거에서 운동의 성적향상효과를 살펴봤어요. 그 많은 실험연구에서 유산소운동을 주목했죠. 이를테면, NAP(2013)는 유산소운동의 학교성적향상효과들을 두루 망라해 알려줬죠. 또 펠레그리니(Pellegrini, A.) 등(2005), 힐맨(Hillman, C.) 등(2008), 엘렘버그(Ellemberg, D.) 등(2010)을 비롯한 많은 연구들(Getlinger 등, 1996; Wechsler 등, 2001:, Donnelly 등, 2009; Kibbe 등, 2011; Reed 등, 2010)의 공통적 결론도 "유산소운동을 했던 아이들의 인지력과 학교성적이 향상됐다."는 거였어요. 그뿐 아니죠. 2023년에 제임스(James, J.) 등이 '운동과 학교성적'이란 주제로 메타분석(meta-analysis) 한 결과도 그랬잖아요. 분석대상 아동, 6,788명이 '중강도 유산소운동을 한 결과, 학교성적이 향상'됐단 거였죠.

또 앞에서 카스텔스(Castells-Sánchez, A.) 등(2021, 2022)의 연구결과도 살펴봤죠. 유산소운동이 뇌 용적 증가와 인지력 향상에 도움이 됐다는…. 뿐만 아니라, 렌테리아(Renteria, I.) 등(2022)을 비롯한 많은 연구들(예컨대, Delezie 등, 2019; Suzuki, 2021a,b; Zhang 등, 2019)을 보면, 유산소운동은 '뇌신경세포 성장거름'인 BDNF 분비를 촉진시켜요. 앞에서 살펴보셨듯이, BDNF는 뇌의 새로운 신경세포(neuron)들을 만들고 그 세포 간 연결(시냅스의 활성화)을 돕죠. 뇌가 최적의 공부태세를 갖도록 돕는 거예요. 공부머리를 만드는 거죠.

이뿐인가요. 유산소운동은 집중력을 강화시켜요. 잘

   이렇게 운동해야 성적 오른다

아시듯이, 집중력은 공부를 잘하는 첫 단추잖아요. 2024년 제이콥슨(Jacobson, R.)에 따르면, 가벼운 유산소운동은 ADHD 아동의 주의력결핍증상 개선에 유익해요. 몬탈바(Montalva-Valenzuela) 등(2022)은 'ADHD 청소년의 신체활동, 운동, 스포츠가 실행기능에 미치는 영향(Effects of Physical Activity, Exercise and Sport on Executive Function in Young People with Attention Deficit Hyperactivity Disorder: A Systematic Review)'을 발표했어요. 운동의 ADHD 개선효과를 실험, 검증한 연구들을 망라해 분석(meta-analysis)했죠. 연구결과, 운동은 ADHD 청소년들의 과잉행동을 줄여줬어요. 선택적 주의력도 강화시켜 학습능력을 올려줬죠. 트램펄린, 수중발레, 탁구, 테니스, 수영, 요가를 비롯한 다양한 운동들이었죠.

어떤 운동이 학교성적 더 올려주나

그렇다면, 학교성적 올리는 데 가장 좋은 유산소운동은 뭘까요. 이를테면, "달리기가 더 좋을까요." 아니면 "공운동이 더 좋을까요." 그것도 아니면 "수영일까요." 제가 받는 단골질문 중 하나예요. 지금까지 수많은 국내외 유명학술지들을 분석해봤으나 결론을 낼 순 없었어요. 관련연구들이 별로 없거니와, 그나마도 그 결과들이 분분해서죠. 앞의 몬탈바(Montalva-Valenzuela) 등(2022)에서 '트램펄린, 수중발레, 탁구 등등'을 거론했지만, 꼭 그

운동들만이 학교성적향상을 돕는 건 아니에요. 또 많은 연구들의 운동조건은 서로 달랐어요. 운동종목만 해도 총 100개가 넘었어요. 게다가 어떤 연구는 준비운동과 정리운동을 포함했고, 운동의 강도나 횟수도 일정하지 않았죠. 다만, 그 많은 연구들의 공통점은 유산소운동 형태일 때 학습향상에 좋은 집중력과 인지력이 개선됐단 거죠.

실은 "어떤 종류의 유산소운동이 더 좋을까."란 질문은 이치에 맞질 않아요. 왜냐하면, "한식, 중식, 일식 중 어떤 게 더 영양가 있나."란 질문과 같아서죠. 똑같은 건강식품이라도 '네겐 좋지만, 내겐 안 좋을 수 있는' 거죠. 운동도 그래요. 그 사람의 체력 등의 건강상태, 운동능력, 취향이 달라서요. 또 운동의 환경이나 방법도 똑같을 순 없으니까요. 그래서 '어떤 음식이 더 좋은가.'보단 '어떤 영양성분을 어떻게 먹는 게 더 좋은가.'란 관점이 옳죠. 역시 운동도 그래요. 그런 까닭에 '유산소운동을 어찌하면 더 좋은가.'를 따져볼 순 있어요. 이를테면, 유산소운동을 저강도, 중강도, 고강도로 나눠 공부머리 개선효과를 비교해 보는 거죠.

유산소운동의 강도별 효과에 대한 수많은 연구들 중 저강도를 권하는 연구는 그닥 많진 않아요. 다만, 고강도 유산소운동이 좋다는 몇몇 연구들이 있어요. 우선, 레이놀즈(Reynolds, G.,

 이렇게 운동해야 성적 오른다

2023)는 많은 연구들을 분석한 결과, "고강도 유산소운동이 인지기능 향상에 더 효과 크다."고 주장했어요. 그 근거로, 중강도일 때보다 고강도일 때 BDNF가 더 빨리 분비됐단 거죠. 그러나 고강도 운동을 오래 지속하란 얘긴 결코 아니었어요. 이를테면, 실내자전거타기를 '40초간 전력 페달링-20초 휴식-40초간 전력 페달링'을 반복하는 거였죠. 고강도 인터벌 트레이닝(High-Intensity Interval Training: HIIT) 형태예요. 참가자들이 이런 방법으로 딱 6분간 고강도 유산소운동을 했더니 BDNF가 5배나 더 생성됐어요. 참 놀라운 일이죠. 씨에(Hsieh, S.) 등(2021)도 고강도 유산소운동(HIIT)과 아동 학습능력 관계 연구들을 망라해 분석(meta-analysis)했어요. 연구에서 적용한 운동들은 러닝머신 달리기와 자전거타기였죠. 분석결과, HIIT는 단기적이든 장기적이든 어린이들의 집중력과 기억력 향상에 크게 도움이 됐어요. 하지만, 고강도를 오래 지속하는 건 득보다 실이 커요. 무리한 고강도 운동은 오히려 인지적 과제수행능력을 더 떨어뜨릴 수 있어요. 특히, ADHD 증상이 있을수록 조심해야 돼요(Mehren 등, 2019, 2020).

그럼, 중강도는 어떨까요. 과학적 근거의 곳곳에서 살펴보셨듯이, 많은 연구들에서 추천했던 건 역시 '중강도 수준'이었죠. 중강도 유산소운동은 최대심장박동수의 약 70% 내외로 운동하는 거예요. 꽤 간단한 두 가지 강도공식이 있어요. 자녀나이 12세로 계산해 볼까요. 하나는 '220-12=최대심박수(208)'

예요. 중강도는 약 145회죠. 다른 하나는 '208−0.7×(12)=최대심박수(약 200)'이죠. 중강도는 140회입니다. 즉, 12세 자녀는 분당 140~145회 심박수로 운동하는 게 중강도예요. 하지만 이 공식들은 사람마다 꼭 맞진 않아요. 신체조건이나 체력 등이 서로 다르니까. 그래서 유산소운동의 강도는 아래처럼 이해하셔도 좋아요. 쉽고 간단하죠.

- **저강도: 숨이 차지 않을 만큼 천천히 걷기**
- **중강도: 숨이 약간 차며 대화가 가능한 빨리 걷기**
- **고강도: 숨이 많이 차 대화가 어려운 빨리 걷기**(또는 뛰기)

굿맨(Godman, H., 2014)에 의하면, 중강도 유산소운동은 뇌 사이즈를 키우고 인지력 향상을 도와요. 그는 주당 120~150분 빠르게 걷길 권해요. 하루 20분가량이요. 뉴욕대 뇌신경과학 교수인 스츠키(Suzuki, W., 2021a)도 하루 10~30분가량 빠르게 걸으면 학습에 유익하대요. 도파민과 세로토닌 등이 뇌에 분비돼 뇌세포를 깨워줘서요. 그녀는 운동할 상황이 아닐 땐 청소라도 직접 하길 권해요. 이 점은 저도 적극 동의해요. 빠른 동작으로 깨끗이 청소만 해도 공부머리도 공부마음도 형성돼요. 또 그녀는 이왕 유산소운동을 할 작정이면 숲이나 공원에 가길 권합니다 (Suzuki, W., 2021b). 제가 앞에서 "자연에서 운동하라."고 권했던 이유랑 같아요.

미국 보건복지부장관 알렉스(Alex. M.)가 출판(2018)한 미국인을 위한 신체활동 가이드라인(Physical Activity Guidelines for Americans(2nd edition))에도 유산소운동이 왜 필요한지 잘 알려주죠. 중강도 유산소운동이 아동과 청소년의 뇌 기능을 강화시켜 학교성적이 오른단 부분만 추릴게요.

중강도 유산소운동을 잠깐만 해도 불안감 감소와 수면 개선 등의 효과가 빠르게 나타난다. 규칙적 운동은 학업 스트레스를 없애준다. 또 수면의 질 개선, 주의력 증가, 과잉행동 감소 등의 효과도 생긴다. 그 결과, 공부머리가 형성된다. 규칙적 중강도 유산소운동은 특히 6~13세 아동의 인지력(학업성취도 테스트, 학습기능, 정보처리속도, 기억력) 향상에 더욱 이롭다.

지금까지 살펴보셨듯이, 중강도 유산소운동은 자녀의 공부머리와 공부마음을 형성해 줘요. 그 결과, 학교성적이 올라요. '중강도 수준'의 운동은 '적당한' 운동의 또 다른 이름이에요. 운동에 따라서, 그리고 자녀의 체력에 따라서 다르겠지만, 1회 운동은 최소 20~30분은 돼야겠죠. 자녀가 꾸준히 운동한다면, 학교성적이 향상되는 걸 보실 거예요. 자녀들에게 좋은 유산소운동의 방법들을 정리하면 이래요.

유산소운동 핵심정리

a. 유산소운동의 뜻에 맞게 운동한다.

- 운동하며 숨이 차오르는 순간부터 15분 이상 지속한다.

- '운동시간 15분'으로 착각하면 안 된다.

b. 좋은 산소를 마시며 운동한다.

- 문자 그대로 유산소운동이니만큼 산소의 질을 더 따져야 한다.

- 가급적 숲이나 공원에서 운동한다.

- 실내에서 운동한다면 먼저 환기부터 시킨다.

c. 중강도 수준으로 운동한다.

- 숨이 약간 차며 대화가 가능할 정도로 운동한다.

- 공부하기 최소 20분 전에 운동을 시작한다.

d. 적합한 운동을 택해 꾸준히 실천한다.

- 자녀의 관심, 체력, 발달단계, 주위환경 등에 맞는 운동을 고른다.

- 주 5회 이상 꾸준히 실천할 운동을 택한다.

- 여러 운동들을 골라 바꿔가며 실시한다.

e. 다음의 운동(예)에서 적당한 활동들을 택한다.

- 걷기, 달리기, 제자리 달리기, 줄넘기, 신나게 춤추기, 수영, 크고 작은 트램펄린, 여러 가지 공놀이, 풍선 토스놀이, 놀이터의 활동적인 놀이, 고무줄놀이, 쉬운 장애물(높이/거리) 연속 뛰어넘기, 활동적인 술래잡기놀이, 자전거(세발/두발)타기, 스키, 스케이팅, 롤러스

케이팅, 유아용 손잡이 롤러 풋 보드, 계단 오르기, 한 계단 오르내리기, 한 계단 발 번갈아 뛰기, 여러 가지 점핑놀이(제자리/정면 보며 동서남북/90도 방향 틀며/점핑잭; 팔 벌려 뛰기 외), 라켓운동(배드민턴/테니스/패드민턴 외), 각급학교(유치원/초등학교/중학교/고등학교) 체육교육과정 중 유산소운동 내용들 등등

※ 층간소음 100% 무관운동: 의자에 앉아 제자리 걷기/제자리 달리기, 서서 제자리 걷기/제자리 달리기(두 발 발 떼고, 발 붙여/한 발 발 떼고, 발 붙여), 종아리운동(두 발/한 발)

f. 적당한 운동시간

- 최소 20~60분가량 운동하면 공부할 머리와 마음이 형성된다.

참고로, 5세 미만 유아의 1일 신체활동 권장시간은 최소 180분(3시간)이다. 이 시간 중 중강도 유산소운동은 최소 60분(1시간)이 돼야 한다. 5~17세 아동과 청소년은 매일 하루 평균 60분 이상 중강도 유산소운동을 권장한다(미국질병통제예방센터(CDC), 2024; 세계보건기구(WHO), 2024; 영국국립보건국(NHS), 2024).

g. 유의사항

- 경쟁게임 대신 협력활동을 한다.

- 하나의 동작이나 활동을 오래 지속하기 어렵다면 인터벌 형태나 다른 활동과 섞어 실시한다. 뒤의 복합운동을 참고한다.

"행복한
운동 하면
성적 올라요"

"운동 중엔 물론, 운동 후에도 행복감이 남아야 공부 잘돼"

성적 쑥쑥 호르몬 vs 성적 뚝뚝 호르몬

행복한 운동이란 어떤 걸까요? 아시다시피, 운동하면 도파민, 세로토닌, 엔도르핀, 옥시토신 등의 행복호르몬이 분비돼요. 중뇌에서 분비되는 '도파민'은 뇌신경세포들을 활성화해 공부머리를 만들어요. 뇌간과 내장의 특수세포에서 생성되는 '세로토닌'은 기억력과 집중력을 높여주죠. 주로 뇌하수체에서 생기는 '엔도르핀'은 공부로 생긴 두통과 스트레스를 줄여주고요. 그 효능이 모르핀보다 무려 100배나 커 '뇌 속의 마약'이란 별명도 있어요. 뇌하수체에서 분비되는 '옥시토신'은 '사랑의 호르몬'이라 불릴 만큼 긍정적 사고형성을 돕죠. 그러니 공부 스트레스가 스르륵 사라지고 자긍심이 쑥쑥 커져요.

"세로토닌 등 행복호르몬의 분비수치와 학교성적이 정비례한다."는 많은 연구결과들(이를테면, Anderson 등, 2012; Borg 등, 2009; Melancon 등, 2014; Perry, 2022; Salminen 등, 2014; Suldo 등, 2013; Waters, 2016 외 다수)은 이제 상식이 돼가요. 특히, 알게디르(Alghadir, A.) 등(2020)의 연구에선 운동으로 생긴 행복호르몬은 학교성적과 좋은 상관이 있고, 공부로 생긴 스트레스(cortisol)는 학교성적과 나쁜 상관이 있었죠. 그럼, 어떤 운동이든 행복호르몬을 분비해 줄까요. 해서, 공부머리와 공부마음이 형성될까요. 바쏘(Basso, J.) 등(2017)에 따르면, 그렇지 않아요. 바쏘 등의 '중강도 격심한 운동이 기분, 인지,

신경생리 및 신경화학 경로에 미치는 영향(The Effects of Acute Exercise on Mood, Cognition, Neurophysiology, and Neurochemical Pathways: A Review)'에 따르면, 어떤 운동은 행복호르몬을, 어떤 운동은 스트레스호르몬을 분비시켜요. 스트레스호르몬이 증가할수록 공부머리에 유익한 BDNF 수치는 감소해요. 학교성적을 쑥쑥 올려주는 운동이 따로 있단 얘기죠. 연구의 핵심만 추리면 이래요.

> 운동의 신경생리효과 관련연구들을 분석한 결과, 운동은 주의력, 과제기억, 문제해결, 유창한 언어능력, 의사결정능력 등을 향상시킨다. 운동의 이 놀라운 효과들은 여러 행복호르몬 분비와 관련돼 있다. 운동하면 행복호르몬인 도파민이나 세로토닌이 분비돼 해마와 전두엽피질의 신경세포들이 활성화한다. 달리기 30분쯤 후 행복감이 부쩍 커지고 뇌 기능이 활성화한다. 이 효과는 최대 2시간 지속한다. 중요한 건 행복호르몬이 분비돼 공부머리를 만드는 운동은 '중강도의 즐거운 운동'이었다. 격심한 운동이나 무리한 운동을 지속하면 코르티솔이 다량 분비돼 학습기억을 오히려 방해한다.

저는 '프롤로그'에서 '운동이란 좋은 기운을 불러일으키는 것'이라고 정의한 바 있어요. 운동의 영어표현인 스포츠란 말의 원뜻도 '기분을 좋게 만드는 심신활동'이라 말씀드렸죠. 바로 앞의 바쏘(Basso, J.) 등(2017)의 연구에서 "즐거이 운동해야 공부머리가 형성된다."는 실험검증결과와 결이 같죠. 운동경기의 심리적 혜택은 많아요. 이를테면, 어려움을 극복하는 투지, 협동과 질서 등의 단체정신, 승리로 얻은 성취감과 자긍심 같은 거죠. 그럼에도 경쟁스포츠이기에 의도치 않은 부작용도 생겨요. 억울한 느낌, 분노, 좌절감 같은 부정적 감정들이죠. 부정적 감정은 스트레스의 또 다른 이름이죠. 장기간 지속할 땐 우울증을 일으켜요(Davis 등, 2019; McLoughlin 등, 2021; Reigal 등, 2020). 무라르(Murrar, S.) 등(2019)의 연구에 따르면, 부정적 감정은 논리적 사고와 집중력을 해쳐 경기실패는 물론, 학습장애까지 일으켜요. 그래서 바쏘 등은 이런 얘길 했어요.

> 많은 연구들은 중강도의 격렬한 운동일 때 행복감과 인지능력이 향상됐다고 보고했다. 그러나 그건 운동의 강도별 비교연구결과들이다. 운동의 즐거움 수준을 분석한 연구들의 결과는 또 다르다. 예를 들어, 운동참가자가 즐거웠다고 느끼는 만큼 행복호르몬 분비수치는 비례했다. 운동강도(저강도, 중강도, 고강도)와는 상관없었단 얘기다. 운동하면 스테로이드 호르몬인 코르티솔 분비를 촉진한다. 적당한 코르티솔은 주의력과 기억력을 향상시킨다. 그러나 과도한 코르티솔은 불안감과 피로감을 높여 기억력을 떨어뜨린다. 운동이 안 즐겁거나 과도하다고 느끼면 공부머리를 만드는 해마 속 BDNF 수치가 뚝 떨어진다.

이런 이유에서 저는 시종일관 '기분을 좋게 만드는 운동'을 강조해요. 제가 프롤로그에서 월드비전 체인지교육을 좋은 운동의 예로 꼽았죠. 거기에선 피구 같은 운동은 절대금물이에요\(˘︶˘\)/. 피구는 득보다 실이 큰 경쟁스포츠죠. 특히 나쁜 건 공으로 친구들을 때리는 운동이잖아요. 얼굴이든 가슴이든 마구 때려요. 친구를 많이 때릴수록 이기는 거니까. 게임이라지만, 맞은 친구는 불쾌감과 수치심이 남아요. 때린 친구는 순간 짜릿한 쾌감을 느낄지라도 미안하고도 불안하죠. 친구를 안 때리는 경쟁운동도 그래요. 이기려다 보면 반칙도 하고 친구를 밀치기도 해요. 그렇게 패배한 친구는 억울하고 분한 감정이 생겨요. 내기경기라면 어떨까요. 경기는 더 치열할 테고, 패배감도 더 크고 오래갈 테죠. 좋은 운동은 결코 공으로 친구를 때리는 게 아니에요. 공감하고 배려하는 운동이죠. '어찌해야 친구가 공을 잘 받을까.' 마음 쓰는 활동이죠(ง•̀_•́)ง ☰♡. 그래야 공을 오래도록 주고받아요. 그래야 공부할 머리도 마음도 생기죠. '경쟁해야 재미있다.'는 고리타분한 생각을 이젠 버리세요. 친구랑 협력해 날마다 점수나 기록을 경신하는 재미도 꽤 쏠쏠해요. 또 성취감도 행복감도 커지며 서로 이기는 참 좋은 운동이에요(손준구, 2018c, 2023, 2024b).

내친김에 학교체육 얘길 조금만 할게요. 부모님께서 실정을 아셔야 좋은 방향으로 바뀔 테니까요. 학교체육도 경쟁보다 협력을 강조해야 돼요. 친구를 이기도록 부추길수록 행복감은 줄어요. 행복감이 줄수록 자발성도 의욕도 줄죠. 체육에서 많은 아이들이 소외되는 이유예요. 이런 체육은 교육이랄 수도 없고, 공부머리와 공부마음 형성도 못 해요. 그닥 유익하지 않단 얘기예요. 차라리 애들끼리 신나게 노는 게 낫죠. 0교시 체육얘기도 쬐끔만 할게요. 요즘 학교마다 앞다퉈 시행하는 0교시 체육. 미국, 영국, 일본 등 선진국의 방과 후 체육활동을 벤치마킹한 거예요. 이를테면, 미국의 통합적 학교신체활동프로그램 (Comprehensive School Physical Activity Programs: CSPAP) 같은…. CSPAP는 미국 질병통제예방센터(CDC)에서 지원하는 프로그램이에요. 5세에서 18세 학생이 오전 8시부터 정규수업 전까지 60분 이내 운동하길 장려하죠(CDC, 2021). 저는 일단 찬성해요. 아이들이 운동할 시간이 생겨서요. 다만, 이것도 행복한 운동이라야 돼요. 아이들이 스스로 즐기도록 운영해야죠. 그러려면 학부모님과 학생의 의견을 적극 수용해야 돼요. 그들이 원하는 운동 내용들을 선정해야죠. "중강도 달리기가 좋다(꼭 그렇진 않은데…)."며 일률적으로 강요해선 안 돼요. 0교시 체육을 반강제로 시행하니 가끔 인권시비가 일잖아요. 애들이 달리기보다 신나는 댄스를 원한다면 그게 정답이에요. 자녀들의 건강, 행복, 그리고 공부할 머리와 마음을 갖춰주려면 부모님들께서 앞장서야 돼요. 정규체육이든 0교시 체육이든 행복한 운동이 돼야죠. 금싸라기 같은 시간을 쪼개가며 운동하는 건데('ᴗ ː ᴗ).

이렇게 놀아야 공부 경쟁력 생겨

　　행복한 운동의 기본은 무규칙이죠. 루소의 말대로 자발적이고 본능적인 활동이죠. 이런 점에서 행복한 운동은 놀이예요. 놀이학의 원조인 네덜란드의 하의징아(Huizinga, J.) 교수는 이렇게 말했죠.

　　놀이는 즐겁고 자유로운 활동이다. 어떤 목적이나 명령에 의한 놀이는 놀이가 아니다.

　　이는 중국 린위탕(林語堂) 교수의 표현처럼, "노는 것 그 자체가 곧 훌륭한 이유"죠. 놀이를 크게 두 가지로 나누기도 해요. 프랑스의 까유아(Cailois, R.)의 얘기예요. 그는 놀이와 인간(Les jeux et les hommes)이란 책에 이렇게 써놨어요(손준구, 2011에서 재인용).

　　모든 놀이는 파이디아(paidia)와 루두스(ludus)로 나뉜다. 파이디아는 고삐 풀린 놀이다. 충동적이고 장난기 가득한 활동이다. 반면에 루두스는 규칙과 질서가 있는 놀이다. 승자와 패자가 가려지는 놀이다.

　　파이디아는 아이들이 산과 들에서 나비 쫓아다니며 뛰놀거나, 동물 움직임 흉내 내거나, 땅 파거나, 소꿉장난하는 것 등이죠. 루소가 권했고, 몬테소리와 슈타이너가 가르쳤던 놀이예요. 루두스는 파이디아 놀이에 규칙을 넣은 거예요. 축구, 배구, 농구 등 각종 운동경기가 이런 거죠. 사실 운동경기는 놀이보다 덜 자유롭고 덜 재미있죠. 규칙이 복잡한 데다 타인(심판, 교사, 혹은 부모님)의 명령에 복종해야 되니까. 어떤 부모님들은 자녀가 목적과 규칙 없이 마구 뛰놀기보단 조직적이고 정선된 운동프로그램에 참가하길 원해요. 돈 들인 만큼 효과가 더 좋을 거라 기대해서겠죠. 하지만 가장 좋은 운동은 애들이 하고픈 놀이, 신나는 놀이예요. 그래야 땀 흘리며 즐겁게 놀 수 있죠. 애들이 깔깔 웃으며 행복하게 놀 때 공부머리와 공부마음이 만들어져요. 특히 자녀가 어릴수록.

운동과 음악의 놀라운 찰떡궁합효과

　　　　행복한 운동의 아주 쉬운 실천방안은 음악을 병행하는 겁니다. 신나는 노랠 듣거나 부르며 운동하면 행복감이 부쩍 더 커져요. 앞에서 행복호르몬 중 '사랑의 호르몬' 옥시토신 얘길 했죠. 긍정성향 형성과 공부 스트레스 해소에 좋다는⋯. 2023년 하버드의대 하워드(Howard, E.) 박사에 따르면, 천연 옥시토신을 만드는 가장 좋은 방법은 즐거운 운동이고, 그다음이 노래예요. 특히 여럿이 노래 부르면 더 좋대요. 해서, 여럿이 즐겁게 놀며 노래까지 부르면 그 효과는 훨씬 더 커져요. 행복한 뇌는 곧 공부머리잖아요. 좋은 예로, 초등학교 저학년 '즐거운 생활' 수업이 있어요. 체육, 음악, 미술의 통합교과죠. 교사들이 흔히 '즐생'이라 불러요. 아이들이 산토끼 노랠 즐겁게 부르며 토끼처럼 '깡충깡충' 뛰는 놀이예요. 그리곤 그 행복한 느낌을 그림으로 표현해요. 우리 뇌는 여러 활동들을 엮어 통합하는 과정(holistic process)에서 시너지효과가 훨씬 커져요(손준구, 2010).

      노래 얘길 좀 더 할게요. 노래는 원래 '놀애'에서 변형된 말이에요. 놀애는 '놀다(遊)'란 뜻인 동사의 어간 '놀'에 명사화된 접미사 '애'가 붙은 말이죠. 노름도 같은 이치예요. 네, 놀이, 노래, 노름은 혈통이 같은 삼 형제예요. 단지 노름만 질 나쁜 형제죠. 하여, 놀이와 노래는 서로 궁합이 잘 맞아요. 산책길에 자기도 모르게 흥얼흥얼 부르는 노래. 에어로빅운동효과를 올려주는 신나는 음악. 올림픽경기 열기를 후끈 달궈주는 응원가. 이런 게 찰떡궁합인 거죠. 노래는 그 자체만으로도 좋은 운동이에요. 30분만 열창하면 그 시간 동안 걷기운동 했던 것과 맞먹고, 훌라후프 돌린 것보다 운동량이 많아요(손준구, 2011). 하버드 의과대학원(Harvard Medical School, 2021)에 따르면, 음악은 술이나 초콜릿처럼 뇌에 행복한 자극을 줘요. 즐거운 음악을 들으면 더 오래 운동할 수 있고, 운동효과도 더 커져요. 그만큼 공부할 머리와 마음 형성에 좋단 얘기죠. 자녀가 운동을 오래 지속하지 않거나 싫증 낼

때 음악이 좋은 솔루션이 돼요. 메즈가니(Mezghani, N.) 등(2022)의 연구에 따르면, 초등학교에서 휴식시간마다 음악을 병행해 운동했던 그룹은 학습의 반응시간과 과제지속시간이 크게 개선됐어요. 물론, 학교성적도 껑충 뛰었고요.

그럼, 공부머리와 공부마음 형성에 더 좋은 음악은 없을까요. 볼만(Ballmann, C.) 등(2021)은 '음악취향이 운동의 반응과 수행에 미치는 영향(The Influence of Music Preference on Exercise Responses and Performance: A Review)'을 폭넓게 연구했어요. 그 핵심내용은 이래요.

많은 연구결과, 음악은 달리기 등의 유산소운동이든 근력운동 등의 저항성 운동이든 간에 운동수행능력을 향상시킨다. 또 음악은 운동 후 피로감을 줄여주고, 중추, 말초, 뇌 등의 신경을 활성화해 각성효과를 높일 뿐 아니라, 스트레스 해소와 행복감 증가를 돕는다. 연구들마다 장르와 템포별 효과는 일치하진 않았다. 다만, 경쾌하고 빠른 템포를 권하는 연구들이 많았다. 빠른 템포의 음악과 고강도 운동을 병행하면 코르티솔 수치가 더 높아진다. 이때 느린 템포 음악으로 바꾸면 그 수치가 낮아진다. 이건 운동조건에 따라 음악이 자극제 또는 진정제가 된단 걸 뜻한다. 또 음악의 장르든 템포든 상관없이 자기가 좋아하는 노래를 들으며 운동할 때 그 시너지효과가 크단 연구결과들도 많다.

　　그런데 2023년 영국 셰필드대학 음악심리학교수인
본쇼어(Bonshor, M.)는 이렇게 주장했어요.

　　퀸의 지금 나를 막지 마(Don't Stop Me Now)란 노래는 영
국 신경과학자들이 꼽은 행복한 노래 1위 곡이랍니다. 그런데 본
쇼어 교수가 추천하는 분당 140~150비트라면 초등학생의 중강
도 유산소운동 심박수와 비슷해요. 이런 게 안성맞춤인 걸까요.
요즘엔 무료사이트가 많죠. 휴대폰으로 활용하기 쉬워요. 이 비
트범위 중엔 볼만(Ballmann, C.)의 주장처럼 자녀가 좋아하는 곡이
많을 거예요. 그걸 활용해 운동하면 금상첨화겠죠. 이를테면, 숫
자 노래, 한국을 빛낸 100명의 위인들, 아기공룡 둘리, 다람쥐,
아기돼지 삼형제 등등은 그 언저리의 비트죠 ╲(▪‿▪)╱.

　　지금까지 살펴보셨듯이, 행복한 운동은 여러 행복
호르몬 분비를 촉진하는 운동이죠. 많은 연구들은 '중강도의 즐

　　　　　　　　　　　　　　　　이렇게 운동해야 성적 오른다

거운 운동'을 권해요. 격심한 운동이나 무리한 운동을 지속하면 코르티솔이 다량 분비돼서요. 적당한 코르티솔은 학습을 위한 주의력과 기억력을 향상시켜요. 그러나 과도한 코르티솔은 불안감과 피로감을 높여 기억력을 떨어뜨리죠. 이때 BDNF 수치도 급격히 감소돼 학습능력을 더욱 저하시켜요. 행복한 운동은 아이들이 하고픈 신나는 놀이예요. 즐거운 음악을 활용하면 운동을 더 오래 지속할 수 있고, 학교성적도 향상됐단 연구가 있어요. 자녀에게 유익한 행복한 운동의 방법들을 정리하면 다음과 같아요.

행복한 운동 핵심정리

a. 행복호르몬 분비를 촉진하는 운동을 한다.

- 중뇌에서 분비하는 도파민은 뇌신경세포들을 활성화한다.
- 뇌간/내장에서 생기는 세로토닌은 기억력과 집중력을 높인다.
- 뇌하수체에서 생기는 엔도르핀은 공부 스트레스를 줄인다.
- 뇌하수체에서 생기는 옥시토신은 긍정적 사고를 형성한다.

b. 여럿이 어울려 기분을 좋게 만드는 심신활동을 한다.

- 억울한 느낌, 분노, 좌절감이 생기는 경쟁운동을 피한다.
- 긍정성향을 형성하는 공감하고 배려하는 운동을 한다.
- 아이들이 원하는 신체활동이 정답이다.

c. 경기형식보단 놀이를 한다.

- 규칙에 얽매이지 않는다.
- 어렵고 위험한 운동 말고 자연 본능적 놀이를 한다.

d. 노래를 부르거나 들으며 운동한다.

- 자녀가 운동을 싫증낼 때 음악이 좋은 해법이다.
- 운동과 노래를 병행하면 뜻밖의 엄청난 효과들이 굴러온다: 학습의 반응시간과 지속시간의 개선, 학교성적향상, 운동으로 생기는 피로감 감소, 중추, 말초, 뇌 등의 신경을 활성화해 각성효과 향상, 공부로 생긴 두통과 스트레스 해소, 행복감 증가 등등
- 운동할 때 분당 140~150비트의 음악을 병행한다.

※ 초등학생의 중강도 유산소운동 심박수와 유사한 수준임

e. 다음의 운동(예)에서 자녀가 원하는 활동들을 택한다.

- 자연환경 신체놀이 예: 산과 들에서 걷고 뛰고 달리고 구르는 여러 가지 놀이, 캠핑놀이, 나무와 꽃 가꾸기 놀이, 솔방울 야구놀이, 여러 가지 물놀이, 돌탑 쌓기 놀이, 모래나 흙 쌓기 놀이, 땅굴 파기 놀이, 죽은 넝쿨로 거미줄 만들기 놀이, 여러 동식물 흉내 내기 놀이, 눈사람 만들기 놀이, 공원의 여러 가지 시설놀이, 그 밖에 창작 놀이들

- 한마음 신체놀이 예: 여러 가지 짝 체조(유연성 체조, 근력 체조, 글자나 모양 만들기 체조 등), 발 또는 손으로 공 패스놀이, 여럿이 큰 공 굴리기, 여럿이 보자기 공 올려 받기, 긴 줄 기차놀이, 고무줄놀이, 그 밖에 협동 스포츠 활동들

- 노래병행 운동 예: 걷기, 달리기, 제자리 뛰거나 달리기, 줄넘기 등 오래 지속하기 어려운 활동들, 신나게 춤추기, 기타 유산소운동 내용들

- 각급학교(유치원/초등학교/중학교/고등학교) 체육교육과정 중에서 아이들이 원하는 즐거운 활동내용들 등등

f. 적당한 운동시간

- 20~60분 이내라면 공부머리가 형성된다.

g. 유의사항

- 여럿이(친구 또는 가족) 운동한다.

- 승패를 가르는 게임을 하지 않는다.

- 아이가 원하는 놀이와 방법을 존중한다.

"복합 운동 하면 성적 올라요"

"혼자서 공을 던져 받는 것만으로도 소뇌를 자극해 공부머리 형성돼"

이렇게 운동해야 성적 오른다

　　이제, 복합운동 얘길 해볼까요. 사전에서 '복합'이란 말은 '둘 이상을 하나로 합치는 것'이라 정의해 놨어요. 허나, 여기에서 복합운동은 사전적 뜻을 넘어서요. 둘 이상을 하나로 합치기도, 병행하기도 해요. 혹은 둘 이상을 순차적으로 수행하기도 해요. 다음의 네 가지 예로 자세히 알아보죠.

짜장 말고 짬뽕

　　복합운동의 첫 번째 예는 '2개 이상의 형태를 섞는 운동'이에요. 앞으로 걸어가다 옆으로, 뒤로, 지그재그로도 걷는 거죠. 때로는 일직선(선이 없으면 상상하며) 위를 걷는 거예요. 이렇게 다양한 형태로 걸으면 평형성과 공간인지력이 향상돼요. 또 양손에 아령(dumbbell)을 쥐고 걸으면 유산소운동과 근력운동(저항성 운동)의 복합 형태가 되죠. 이 형태의 복합운동들을 달리는 상황에도 적용할 수 있죠. 줄넘기하며 달리는 방법도 좋고요. 다양한 방법으로 달리면 유산소운동, 민첩성 운동, 순발력 운동의 복합운동이 되는 거죠. 서킷트레이닝도 2개 이상의 형태를 섞는 운동이에요. 아시다시피, '서킷(circuit)'의 뜻은 '일정한 경로를 순환'하는 거죠. 그래서 운동에선 '달리기-공운동-달리기' 형태가 예랄 수 있죠. 하지만, 반드시 처음 시작했던 운동으로 되돌아와야 하는 건 아닙니다. '스트레칭-줄넘기-팔굽혀펴기'로 끝내셔도, '스트레칭-

줄넘기'의 1세트 후 '스트레칭–줄넘기'를 반복하셔도 돼요. 체력 상태에 따라 세트 사이에 휴식하셔도 되고요.

한 가지 움직임만 반복하기보다 여러 형태 움직임을 복합해야 뇌 기능이 더 발달해요. 일상생활이든 운동이든요(Lande, 2024; Lauren, 2022; Lee 등, 2021). 2024년 란데(Lande, S.)는 복합운동효과를 이렇게 강조했어요.

많은 연구들의 결과에서 공통적으로 어떤 운동이든 복합적 형태로 실시할 때 뇌신경세포(neuron)의 생성과 연결이 더욱 활발해졌다. 그러니, 매일 그저 걷거나 그저 달렸다면 '1분 걷고 1분 달리는 방법'으로라도 바꿔봐라.

때로는 유산소운동보다 복합운동이 공부머리 형성 효과가 더 커요. 2024년 규젤(Guzel, I.) 등은 실험대상을 세 그룹으로 나눴어요. 의자에 앉아 심호흡을 동반한 '유산소운동'그룹, 외발 서기와 방향틀기 등의 '균형운동'그룹, 그리고 유산소운동과 균형운동을 병행한 '복합운동'그룹으로요. 연구결과, 유산소운동그룹에 비해 다른 두 그룹에서 학습의 반응과 수행이 더 우수했어요. 공간인지력도 향상됐고요. 이 연구는 2020년에 동일한 조건으로 실험했던 비스베(Bisbe, M.) 등의 결과와 일치했어요. 또 2022년 비슷한 조건으로 실험했던 하안(Han, C.) 등의 연구와도

　　　　　　　　이렇게 운동해야 성적 오른다

유사한 결과를 보였죠. 하안 등도 세 그룹으로 나눴어요. 유산소운동(달리기/빠르게 걷기/자전거타기)그룹, 심신운동(태극권/요가/호흡과 명상/댄스)그룹, 그리고 복합유산소운동(유산소운동과 균형운동 결합)그룹으로요. 세 그룹 중 심신운동그룹의 기억력과 주의력이 가장 크게 향상됐어요. 말이 심신운동그룹이지, 실은 복합운동의 형태예요. 또 복합유산소운동그룹도 유산소운동그룹보다 더 향상됐고요. 유산소운동보단 복합적 형태의 운동이 뇌 기능 향상에 더 좋단 얘기죠. 다만, 이 연구들의 대상은 인지장애 또는 경도치매 노인이었어요. 하여, 그 효과가 일반아동에게도 그대로 나타나리라 확신할 순 없어요. 그러나 이들 연구결과로 확실히 알 수 있는 건, '뇌 기능 향상은 무조건 유산소운동'이란 생각을 되짚을 수 있죠. 그러니, 유산소운동만 고집하지 마세요. 또 유산소운동과 다른 형태의 운동을 복합해 보세요. 분명, 공부머리 형성효과를 톡톡히 보실 테니까요.

공부도 손발 딱딱 맞춰야

복합운동의 두 번째 예는 '협응성 운동'이에요. 운동에서 협응성은 신체의 여러 부위와 기관들이 서로 연동하는 거예요. 이를테면, 날아오는 농구공을 잡으려면 두 팔과 두 다리는 물론, 두 눈까지 서로 연동해야죠. 이때 다양한 근육들과 신경들도 서로 재빨리 호응해야죠. 이런 움직임은 소뇌와 두정엽에서 주관해요(Cohn, 2024; Physiopedia, 2024). 소뇌는 대뇌의 뒤쪽 아랫부분에 있어요. 중추신경계의 일부죠. 뇌신경의 50% 이상이 소뇌에 연결돼 있어요. 그러니 소뇌는 운동 뇌이기도 하고 공부머리이기도 하죠. 하여, 2024년에 콘(Cohn, M.)은 이렇게 말했어요.

협응성 운동은 곧 소뇌 기능 강화운동이다. 소뇌 기능이 강화되면 의사결정력과 학습처리속도가 향상된다. 연구결과, 소뇌 기능이 우수할수록 읽기능력과 문장이해력도 향상됐다.

2024년 영국의 비영리 의학사전(Physiopedia)엔 실험적 결과들을 근거해 태극권, 필라테스, 요가 등이 협응성 향상에 좋다며 추천했어요. 건강한 사람은 물론, 활동이 불편한 환자들의 인지력 개선에도 특히 유용하다죠. 하지만, 이 운동들이 어렵다면 뒤(복합운동의 세 번째 예)에서 살펴보실 간단한 맨손체조만으로도 효과가 충분해요.

자, 쬐끔만 더 욕심을 내볼까요. 더 짧은 시간에 더 빨리 소뇌 기능을 강화시킬 순 없을까요. 그 좋은 운동들이 있습니다. 먼저, 두 손으로 비치볼(어떤 공이든 괜찮아요)을 수직 위로 던져 받는 동작이 좋아요. 이 운동은 그닥 어렵지 않아요. 하지만, 매우 효과 좋은 협응운동이죠. 처음엔 공을 30센티 높이로 던졌다

받아보세요. 그러면서 차츰 그 높이를 올려가는 겁니다. 40센티, 60센티, 1미터, 그 이상으로요. 또 공을 수직 위로만 던져 받지 말고 변형해 보세요. 좀 더 앞으로, 좀 더 옆으로, 좀 더 뒤로 던 졌다 되받아 보세요. 또 비치볼을 발로 찬 후 손으로 되받는 것도 훌륭한 방법이에요. 공을 던진 후 몸을 회전해 받는 방법도 시도 해 보세요. 처음엔 공 던진 후 90도 회전해 받아보세요. 그 담엔 180도와 360도 회전해 받아보고요. 창의적 방법일수록 순발력 과 민첩성이 훨씬 더 발달해요. 그만큼 소뇌도 자극돼 공부머리 가 형성되는 거죠.

또 이 방법도 좋아요. 개구리 뛰기(제자리멀리뛰기)나 토끼 뛰기요. 이때에도 차츰 90도, 180도, 360도로 회전해 보세요. 이런 식으로 줄넘기운동에도 도전해 볼 수 있죠. 요즘엔 조금 시 들해졌지만 고무줄놀이도 소뇌 계발에 꽤 유익해요. 뛰기와 방향 틀기를 병행하는 복합운동이니까요.

이 밖에도 많아요. 아무런 준비 없이 서서 빙그르르 연속돌기를 해보는 건 어때요. 코끼리 동작을 취한 채 회전해 보 는 것도 재미있죠. 효과도 크고요. 이처럼 여러 방향을 바꿔가며 운동하면 두정엽 계발에도 딱 좋아요. 두정엽은 측두엽 위, 전두 엽과 후두엽 사이에 있어요. 두정엽도 소뇌와 함께 운동을 관장해 요. 뇌의 다른 영역들과 매우 긴밀히 협응하면서요. 이를테면, 두정엽은 후두엽의 시각정보와 측두엽의 청각정보를 받아 공간의 형태, 방향, 위치를 탐색하고 식별해요. 또 두정엽은 스스로 수리영역과 언어영역을 처리하기도 하지만, 해마나 전두엽과 연계해 공부머리를 만드는 데 아주 큰 도움을 줍니다(Physiopedia, 2024).

만만한 맨손체조, 만만찮은 공부효과

복합운동의 세 번째 예는 '여러 신체동작의 연결운동'입니다. 맨손체조나 수구체조가 그 예죠. 우선, 맨손체조는 준비운동과 정리운동의 목적만 있진 않아요. 피로회복, 체력, 미용, 그리고 뇌의 각성을 위해서도 실시하죠. 맨손체조는 보통 다리⇨팔⇨목⇨가슴⇨옆구리⇨등배⇨뜀뛰기⇨팔다리⇨숨쉬기의 순서로 이뤄져요. 심장에 부담을 덜 주는 동작부터 시작한단 원칙입니다. 흔히들 "심장에서 먼 부위부터 시작한다."고 얘기하는데 틀린 표현이에요. 신체의 작은 움직임에서 큰 움직임으로, 혹은 간단한 동작에서 복잡한 동작으로 그 순서를 배열하는 게 원칙이에요. 그래야 효과가 더 좋아요(손준구, 2011). 맨손체조는 짝 체조(partner exercise)로도 할 수 있어요. 짝 체조는 상대의 신체부위와 체중을 이용한 운동이에요. 혼자 하는 것보다 운동량이 더 크죠. 또 상대의 움직임과 조화를 이루려 신경 쓰다 보니 뇌 기능이 더 향상돼요. 그다음, 수구체조는 아령, 막대, 줄, 공 등의 용구를

손에 쥐고 체조하는 거죠. 그러니 역시 맨손체조보단 운동량이 더 크죠. 체력육성에 더 적절해요. 또 다양한 수구들을 손으로 조작하니까 소뇌 등을 계발하는 데 꽤 유용하죠.

맨손체조는 별 준비 없이 언제든 할 수 있는 간편한 운동이죠. 하지만, 공부향상효과는 예상보다 꽤 커요. 2023년에 하미드(Hamid, R.) 등은 중학생들에게 매일 수업 중 5분씩 8주간 맨손체조를 실시토록 했어요. 그 결과, 아이들의 우울증, 불안, 스트레스 수치가 크게 감소됐어요. 말리와나그(Maliwanag, R.) 등(2019)도 학생들(12~18세)에게 4주간 맨손체조를 시켰어요. 그 결과, 아이들의 주의력과 학습지속시간이 증가했죠. 특히 학습반응시간과 학습정보처리속도가 매우 빨라졌어요. 맨손체조의 효과는 2022년 미어(Mear, E.) 등의 연구에서도 주목돼요. 참가자들은 하루 6시간 이상 의자에 앉아 지내는 18~65세였어요. 이들은 근력강화용 맨손체조를 하루에 1회 2분씩 8회 실시했어요. 두 무릎 구부려 펴기(squat), 두 팔 돌리기, 종아리운동(종아리 근육을 들어 올리는 운동으로, 여러 명칭들이 있으나 이 책에서는 종아리운동으로 통칭함), 무릎 들어올리기, 한 무릎 내 구부려 펴기(lunge)였죠. 4주 후 이들의 신경근육 기능(neuromuscular function)이 크게 강화됐어요. 이는 그만큼 뇌신경세포(neuron)의 생성과 시냅스(정보를 전달하는 뇌신경세포의 틈새)가 활성화됐단 걸 의미해요. 아시다시피, 운동 시 뇌와 신체는 끊임없이 정보교환해요. 대뇌의 운동피질에서 명령을 내리면 척수를 거쳐 근육신경

부위로 연결되죠. 반대로 근육신경부위에선 운동의 여러 정보들을 척수를 거쳐 대뇌로 되돌려요. 만일 단순한 동작이 아닌 복합운동이라면 전두엽, 해마, 소뇌, 그리고 두정엽까지 연합해 솔루션을 탐색하죠. 결국, 맨손체조로 근력을 쓰면 신경작용으로 두뇌를 쓰게 되고, 신체 여러 부위를 쓸수록 두뇌 여러 곳도 두루 쓰이게 되죠. 미어(Mear, E.) 등의 연구처럼 2분의 짧은 시간일지라도 공부머리 형성에 꽤 좋아요.

근육 얘기가 나온 김에 한 가지만 더 짚어보죠. 앞의 '과학적 근거'에서도 말씀드렸듯이, 운동 중 근육에선 BDNF를 생성해 뇌로 보내요. 바로 앞에서 언급했던 미어(Mear, E.) 등(2022)의 연구에서도 근력강화용 맨손체조로 종아리운동이 포함됐잖아요. 델리지에(Delezie, J.) 등(2019), 렌테리아(Renteria, I.) 등(2022), 자앙(Zhang, Z.) 등(2019)의 연구에 따르면, 운동할 때 가자미근(soleus muscle)에서 생성된 BDNF가 뇌로 들어가요. 가자미근은 종아리 부위근육이에요. 그 간단한 동작만 해도 공부머리가 형성된다니 망설일 이유가 없죠. 이 밖에도 맨손체조는 코르티솔 수치를 줄이고 행복호르몬을 증가시키며, 기억력, 의사결정, 문제해결력 등 학습실행력까지 개선해 줘요(My Fitness, 2024). 공부 중 밖에 나갈 것 없이 간단하게 할 수 있는 맨손체조. 그 효과는 정말 상상초월~β˚(>u<).

공부 중 자꾸 다리 떠는 너, 우등생 될라

복합운동의 네 번째 예는 '공부와 병행하는 운동'이에요. 공부하며 운동하고, 운동하며 공부하는 거죠. 공부할 때 몸을 자꾸 움직거리면 집중력이 떨어진다고 많이들 생각해요. 해서, 학생이 수업 중 다리 떨거나 기지개 켜면 선생님께 꾸지람을 듣죠. 예전에 호랑이 선생님은 눈동자조차 굴리지 말라며 호통을 치셨어요. 얼차려 받는 긴장 속에서 공부하곤 했죠. 이런 분위기에 익숙하신 분은 "운동하며 공부하라."는 제 주장이 황당하실 테죠. 그런데 이걸 국가정책으로 추진하는 사례가 있어요. 미국의 '교실 신체활동정책(classroom physical activity policy)'이죠. 정과체육, 과외체육, 점심시간, 휴식시간뿐 아니라, 교실수업 중에도 신체활동을 장려하는 정책이죠. 그래서 아이들은 수업 중에 서서 수학문제 풀고 신체게임 하며 영어단어 외워요. 또 과학시간 땐 회전원리를 알려고 공을 굴리거나 앞구르기해요. 이런 수업은 과연 어떤 효과를 볼까요. 미국질병통제예방센터(CDC)에 따르면, 공부와 신체활동을 병행했더니 다음의 효과들이 생겼어요(CDC, 2018, 2022).

- 집중력과 과제수행력이 향상됐다.
- 수업 중 주의력결핍과 난폭한 과잉행동이 감소했다.
- 학습참여 동기가 커져 수업태도가 개선됐다.

- 학습의 지속시간과 활동량이 증가했다.

- 학교성적이 올랐다.

우리는 '과학적 근거'에서 선택적 주의력 얘길 했어요. 그때 그리에코(Grieco, L.) 등(2016)과 자브리스키(Zabriskie, H.) 등(2019)의 흥미로운 연구결과를 살펴봤죠. 그리에코 등의 연구에선 텍사스 초등학생들에게 영어 철자법과제를 냈죠. 그리곤 교실의자에 앉아 학습했던 그룹과 릴레이게임형태로 학습했던 그룹을 비교한 결과, 릴레이게임그룹이 우수했잖아요. 과제집중시간도 훨씬 길었고 성적도 더 높았고요. 자브리스키 등은 18~30세 성인들을 세 그룹으로 나눠 고유명사를 암기토록 했죠. 30분 동안 사이클링 중 암기하기, 30분 사이클링 후 30분 암기하기, 그리고 운동 없이 30분 암기하기로요. 결과는 암기학습과 운동을 병행했던 그룹이 다른 두 그룹에 비해 훨씬 좋은 점수를 받았잖아요.

물론, 공부와 신체활동을 병행하기만 하면 그 효과가 척척 생기는 건 아니에요. 이 분야의 많은 연구들을 망라해 분석(meta-analysis)했던 두안(Duan, Y.) 등(2022)과 마틴(Martin, R.) 등(2017)의 공통된 결론은 이래요.

많은 연구들의 결과에서 신체활동을 병행했던 교실수업의 학교성적향상효과는 분분했다. 그러나 확실한 건, 신체활동과 학습을 병행할 때 성적이 향상됐다는 연구들이 더 많았다. 게다가, 효과검증이 안 된 연구들 중에도 신체활동과 수업을 병행할 때 긍정적 분위기가 생겨 학생들이 수업에 더 열심히 참여했단 결과들이 많았다.

공부와 신체활동을 병행했을 때 성적향상효과를 얻지 못했던 몇몇 연구들. 대체 그 까닭은 뭘까요. 두 연구(Duan 등, 2022; Martin 등, 2017)는 그 이유로 교사의 교수능력부족을 꼽았어요. 일반교과교사가 활동성이 강한 신체활동을 병행하려니 학습자 관리가 어려웠고 수업진행에도 차질을 빚었단 얘기죠. 그게 학교 성적향상에 걸림돌이 됐단 거예요. 이건 뒤집어 말하면, 교사가 잘 가르치기만 하면 신체활동 병행수업 시 학교성적이 향상된단 얘기죠.

층간소음 끝, 성적향상 시작

우리나라에도 신체활동과 수업을 병행하는 상황이 없진 않아요. 유치원과 초등학교 저학년 일부수업에선 가끔 신체게임을 병행하죠. 영어학원에서도 적용하고요. 괜찮은 방법이긴 해요. 그러나 제가 얘기하는 '공부병행 운동'은 훨씬 적극적 형태예요. 예를 들면, 정리운동으로 스트레칭체조 하며 공부할 내용을 계획하거나 미리 떠올려 보기, 러닝머신에서 걸으며 영어문장 암기하기, 고정용 실내자전거 타며 책보기, 엎드려뻗쳐 자세 (혹은 엎드려 팔굽혀펴기, 플랭크 등)로 예습하기, 책상 앞에 서서 종아리운동 하며 공부하기, 외발 서기 등의 균형운동 하며 문제풀기가 있죠. 이런 운동들은 집에서도 얼마든지 병행할 수 있어요. 저도 지금 운동을 병행하며 이 책을 집필하고 있거든요. 층간소음문제도 전혀 없고요. 쉬운 운동인데도 공부머리 형성효과는 막강해요. 일례로, 균형운동은 매우 간단한 동작이죠. 하지만 그 효과가 대단해요. 균형운동은 귓속 전정기관과 연관돼 있어요. 이 기관은 몸의 평형성을 주관하죠. 어지럼증은 전정기관 이상과 관련이 커요. 균형운동은 치매 등 인지장애검증법이기도 해요. 이는 균형운동이 뇌 기능 개선에 유용하단 얘기죠(Naito 등, 2023; Rogge 등, 2023; Surgent 등, 2019). 치매 어르신, 발달장애아동, ADHD 아동의 경우 회백질(grey matter)과 백질(white matter)의 부피가 작아요. 회백질은 대뇌피질 바깥쪽 신경세포 덩어리이고, 백질은 대뇌피질 안쪽 신경섬유 구성체예요. 회백질은 학습의 기억력과 사고력을 담당하고, 백질은 그 학습정보를 전달하는 통로예요. 서전트(Surgent, O.) 등(2019)에 따르면, 균형능력이 좋은 사람은 뇌 사이즈가 더 크고 회백질과 백질의 부피도 더 커요. 학습정보를 더 많이 수용하고 더 빨리 처리한단 얘기죠. 2023년 로게(Rogge, A.) 등은 균형운동 하면 전정기관과 근육신경이 대뇌피질과 해마의 기능을 활성화시킨대요. 하여, 그는 공부머릴 만들려면 굳이 유산소운동 말고 균형운동 하길 권했죠. 참고로, 앞에서 복합운동의 두 번째 예로 '협응성 운동'을 말씀드렸잖아요. 제가 그 부분에서 협응력 향상을 위해 여러 움직임들을 여러 방향으로 회전하시길 권해드렸어요. 이런 운동들도 균형운동이랄 수 있어요. 공부머리 형성에 참 좋고 재미있는 동적 균형운동이에요.

저는 아주 가까운 미래에 교실수업과 운동을 병행하는 게 일반화될 거라 예견해요. 예전에 저도 교육부의 교육과정심의위원 시절에 정부에 건의했던 기억이 나네요. 이를테면, '교실별 운동시설 비치정책' 같은 거예요. 교실마다 러닝머신이나 고정용 실내자전거를 비치해 운동하며 학습하는 거죠. 스텝퍼(stepper) 같은 값싼 운동용구는 당장 구입할 수도 있죠. 이런 교실분위기, 어떤가요. 자녀들이 좋아라 하겠죠. 수업 중 집중력이 떨어지거나 잠이 올 때 딴청 부리거나 도둑잠 잘 필요가 없죠. 슬그머니 일어나 교실 뒤쪽에 놓인 자전거 타며 공부하는 교실모습. 상상만 해도 즐겁네요. 전국의 학교 교실마다, 학원마다, 가정마다 실내자전거에 앉아 공부하는 아이들. 그 모습을 그려보니 절로 행복하네요.

지금까지 복합운동의 공부머리와 공부마음 형성

효과, 그리고 그것과 학교성적향상의 좋은 상관성을 실험적 검증연구들로 알아봤어요. 어떤 운동이든 복합적 형태로 실시할 때 뇌신경세포(neuron)의 생성과 연결이 더욱 활발해져요. 또 학습의 반응, 학습처리속도, 의사결정력, 공간인지력, 기억력, 주의력 등이 개선돼 학교성적이 올라갑니다. 학습과 운동을 병행한 경우에도 교실의 의자에 앉아서 학습했던 아이들보다 학습능력이 크게 앞섰어요. 자녀들이 즐겁고 안전하게 실시할 복합운동의 방법들은 다음과 같아요.

복합운동 핵심정리

a. 2개 이상의 형태를 섞어 운동한다.

- 운동의 예: 유산소운동으로서 앞으로 걷기+옆으로 걷기+뒤로 걷기+지그재그로 걷기, 일직선(또는 통나무) 위 걷기, 양손에 아령 쥐고 걷기, 줄넘기하며 달리기, 달리기-공운동-달리기, 스트레칭-줄넘기-팔굽혀펴기, 스트레칭-줄넘기+스트레칭-줄넘기, 각급학교(유치원/초등학교/중학교/고등학교) 체육교육과정 중에서 2개 이상 섞어서 활동할 수 있는 내용들 등등

b. 신체 여러 기관들을 연계해 협응운동 한다.

- 운동의 예: 두 손으로 비치볼 수직 위/앞/옆/뒤로 던져 받기, 비치볼을 발로 찬 후 두 손으로 되받기, 비치볼 수직 위로 던지며 몸을 회전(90도, 180도, 360도)해 받기 등 여러 가지 창의적 방법으로 비치볼 던져 받기, 개구리 뛰기(제자리멀리뛰기)=앞으로/90도 틀며/180도 틀며/360도 틀며, 토끼 뛰기=앞으로/90도 틀며/180도 틀며/360도 틀며, 각급학교(유치원/초등학교/중학교/고등학교) 체육교육과정 중에서 협응운동 내용들 등등

c. 여러 신체동작들을 연결해 운동한다.

- 운동의 예: 맨손체조(혼자서/짝지어), 수구체조(아령, 막대, 공, 줄 등의 용구), 태권도나 합기도 등의 품새, 태극권, 필라테스, 요가, 각급학교(유치원/초등학교/중학교/고등학교) 체육교육과정 중에서 신체동작들을 연결할 수 있는 내용들 등등

※ 준비운동으로서 맨손체조는 다리⇨팔⇨목⇨가슴⇨옆구리⇨등배⇨뜀뛰기⇨팔다리⇨숨쉬기의 순서로 실시한다. 이는 심장에 자극을 덜 주는 운동부터 시작한단 원칙이다. 신체의 작은 움직임에서 큰 움직임으로, 혹은 간단한 동작에서 복잡한 동작으로 옮기는 원리이기도 하다.

d. 공부와 운동을 병행한다.

- 운동의 예: 러닝머신에서 걸으며 영어문장 암기하기, 고정용 실내 자전거를 타며 독서하기, 책상 앞에 서서 종아리운동 하며 공부하기, 외발 서기 등의 균형운동 하며 문제풀기, 엎드려뻗쳐 자세(엎드려 팔굽혀펴기, 플랭크 자세 등)로 예습하기, 각급학교(유치원/초등학교/중학교/고등학교) 체육교육과정 중에서 공부와 병행하기 적당한 운동 내용들 등등

e. 적당한 운동시간

- 20~60분 이내라면 공부머리가 형성된다.
- 공부 중 휴식 때마다 1~3분씩 운동한다.
- 공부와 병행할 땐 스스로 적당한 시간을 정한다.

f. 유의사항

- 처음엔 쉽고 간단한 운동부터 안전하게 실시한다.
- 익숙해지면 점차 복합동작에 도전해 횟수와 시간을 늘려간다.
- 공부와 병행할 땐 체력, 기능, 움직임이 많은 운동은 피한다.

TIPS:
공부머리 깨우는 손가락운동

사진출처: Stock Cake(2024)

"손가락을 많이 쓰는 아이일수록 공부 잘해"

　　최근 어르신인구와 더불어 치매 등 인지장애환자 비율이 폭증하고 있어요. 장수는 축복이지만, 치매 걸려 오래 살면 재앙이죠. 그래서일까요. 요즘 매스컴에서 치매예방 손가락운동을 종종 소개해요. 손가락운동은 치매의 예방과 치료를 위한 적극적 수단이에요. 2023년 리우(Liu, J.) 등은 '경도인지장애, 알츠하이머, 치매 노인의 인지기능을 위한 손가락운동효과(Finger exercise effects on cognitive functions in older adults with MCI/AD/dementia)'를 연구했어요. 주제 관련연구들을 두루 망라해 분석(meta-analysis)했죠. 연구의 핵심만 추리면 이래요.

　　많은 연구에서 60대 이상 환자들에게 1일 1~3회(회당 10~60분)

　　　　　　　　　　　　　이렇게 운동해야 성적 오른다

1개월 이상 손가락운동을 가르쳤다. 한 손으로 다른 손의 바닥과 등에 원을 그리는 마사지, 한 손의 손가락으로 다른 손의 손가락잡기, 양손 오므려 펴기, 손가락 스트레칭, 한 손으로 다른 손의 손가락 차례로 누르기, 손바닥과 손등치기 등등…. 연구결과, 이 간단한 손가락운동만으로 치매 전 단계인 경도인지장애(MCI) 노인들의 인지기능이 유의미하게 개선됐다. 알츠하이머병과 치매의 경우 '초기에' 그리고 '젊을수록' 그 효과가 훨씬 더 컸다. 손가락운동이 뇌 기능 개선에 효과가 왜 큰 걸까. 두 가지로 요약할 수 있다. 첫째, 손가락의 말초신경이 BDNF 분비촉진과 뇌신경 가소성(회복력)을 일으킨다. 둘째, 한의학적 관점에서 경락의 시작점인 손가락을 자극하면 기(에너지)와 혈액의 순환이 원활해져 뇌 기능을 활성화시킨다.

TV는 리모컨으로, 뇌는 손가락으로

이렇듯, 뇌 살리는 손가락운동이 어디 어르신 전용일까요. 리우(Liu, J.) 등의 연구결과처럼 '젊을수록' 또는 '어릴수록' 그 효과가 더 빨리, 더 크게 생기지 않을까요. 2022년 아르테멘코(Artemenko, C.) 등은 아동의 손가락운동이 뇌와 학습에 어떤 영향을 주는지 연구했어요. 연구대상은 초등학교 1학년 학급이었죠. 그 학급 아동들에겐 수업 전 손가락마다 숫자를 부여해 인식하도록 했어요. 그리곤 수학시간마다 숫자계산 할 때 해당 손가락을 움직이게 가르쳤죠. 그랬더니 그 학급은 다른 학급에 비해 두뇌기능과 학교성적이 더 향상됐어요. 손가락운동이 전두엽의 감각운동피질과 뇌신경을 깨우고, 기억력을 크게 증가시켜 줘서죠. 2022년 피셔(Fischer, U.) 등도 유년 시절에 손가락운동 등의 소근육 미세운동기능(Facets of fine Motor Skills: FMS)을 길러주길 강조했어요. 이 연구에선 독일 유치원 아동들에게 손가락운동능력을 다섯 가지로 테스트했어요: 손가락 숫자세기, 저금통장에 동전 넣기, 비즈구슬 꿰기, 궤적 따라 선 그리기, 그리고 신호에 맞춰 손 움직이기. 빠르고 정확하게 수행하는 게 목표였죠. 연구결과, 테스트 점수가 높을수록 수리능력도 높았어요. 손가락운동수행력이 학력과 연관돼 있단 얘기죠. 연구자들은 이렇게 덧붙였어요.

학교현장에선 수학시간에 손가락셈을 하면 수리능력을 해친다며 반대한다. 그러나 직접 실험해 본 많은 연구들의 결과는 달랐다. 손가락셈을 포함한 손가락운동은 아이들의 학력발달에 확실히, 그리고 꽤 유익했다.

2024년 미국의 비영리 종합의료센터, 클리블랜드 클리닉(Cleveland Clinic)에 따르면, 손가락은 뇌, 척수, 말초신경계와 직접 연관돼 있어요. 하여, 소근육 쓰는 손가락운동은 자폐스

펙트럼 장애, 뇌성마비, 발달장애, 다운증후군, 쓰기 신경장애 (Dysgraphia) 등을 크게 개선시켜요. 아시다시피, 신체의 모든 부위는 뇌와 연관돼 있어요. 하지만 그 연관성 차이는 있죠. 이를테면, 발을 쓰는 운동보다 손을 쓰는 운동이 두뇌와 훨씬 더 연관돼 있어요(Orso 등, 2023). 캐나다의 신경외과 의사였던 펜필드(Penfield, W.). 그가 뇌와 신체의 연관성을 묘사하고자 1937년에 만든 호문클루스(homunculus)는 아직도 꽤 유명하죠. 그림의 호문클루스를 보세요. 모든 신체부위 중 손과 뇌의 연관성이 얼마나 큰지 알 수 있죠. 역시 손은 제2의 두뇌입니다.

펜필드(Penfield, W.)가 뇌와 손의 연관성을 강조하려고 만든 호문클루스

그럼, 손을 어떻게 움직여야 공부머리효과가 더 커질까요. 사실, 대부분의 운동들은 손을 쓰죠. 하지만, 손을 주운동으로 쓰면 더 좋죠. 가장 손쉬운 운동은 박수치기예요. 박수치기는 기와 혈을 순환시켜 건강에 이롭죠. 손뼉을 치면 뇌의 모든 영역이 활성화돼 공부머리 형성에 좋단 연구들이 많아요. 또 흥미로운 주장도 있어요. 그저 박수만 치기보다 음악이나 리듬에 맞춰 치면 효과가 더 커져요. 이스라엘 벤구리온대학의 연구가 좋은 예죠(Hunt, 2022). 이 연구에선 초등학교 1, 2, 3학년 아이들에게 수업시간마다 손뼉 치며 노래 부르게 했어요. 그 결과, 아이들의 작문실력이 크게 향상됐죠. 이후 대학생들에게도 동일한 실험을 해봤어요. 그리곤 기능적 MRI 분석결과 대학생들의 대뇌피질이 매우 활성화됐어요. 또 이들은 모두 집중력이 향상됐고 스트레스는 확 줄었죠. 2023년 바일스(Baills, F.) 등의 연구에서도 리듬에 맞춰 박수 친 초등학교 학급의 어학능력이 더 향상됐고, 게바우어(Gebauer, L.) 등(2016)의 연구에선 리듬에 맞춰 박수 친 그룹에서 옥시토신 분비가 더 증가됐죠. 옥시토신은 행복호르몬 중 하나로 긍정적 사고력 형성과 공부 스트레스 해소에 좋잖아요.

제2의 뇌, 손가락 이렇게 움직이면

박수종류를 형태별로 나열해 보면, 양손의 손가락

끝 부위만 치는 손가락 끝 박수, 열 손가락 맞대고 양손 치는 합장박수, 손가락 쫙 펴고 약간 뒤로 젖혀 손바닥만으로 치는 손바닥 박수, 손목으로 치는 손목 박수, 주먹 쥔 채 치는 주먹박수, 손등으로 치는 손등 박수, 손날로 치는 손날 박수 등등 꽤 많아요. 또 바로 앞의 연구결과들에서 확인하셨듯이(Baills 등, 2023; Gebauer 등, 2016; Hunt, 2022), 리듬과 함께 박수 치면 공부머리 형성에 훨씬 좋죠. 몇 개만 나열해 볼게요൭(·♡·൭).

■ 웃음박수: 하하하하 '짝짝' 호호호호 '짝짝' 하하 '짝' 호호 '짝' 하하호호 '짝짝'

■ 톰과 제리 박수: 냐옹냐옹 '짝짝' 찍찍찍찍 '짝짝' 냐옹 '짝' 찍찍 '짝' 냐옹찍찍 '짝짝'

■ '상하좌우박수: 위에위에 '짝짝' 아래아래 '짝짝' 위에 '짝' 아래 '짝' 위에아래 '짝짝' 왼쪽왼쪽 '짝짝' 오른쪽오른쪽 '짝짝' 왼쪽 '짝' 오른쪽 '짝' 왼쪽오른쪽 '짝짝'

■ 설래끄떡박수: 설래설래 '짝짝' 끄떡끄떡 '짝' 설래 '짝' 끄떡 '짝' 설래 끄떡 '짝짝'

물론, 창작하셔도 좋죠. 어린 자녀랑 함께 만들어 보세요. 참 좋아라 하겠네요. 가능하면 율동을 병행해 보세요. 이를테면, 설래끄떡박수 칠 때는 고개를 가로젓거나 끄떡이면 더 신나겠죠.

열 손가락들을 이용해 두뇌도 가볍게 두드려 보세요. 손가락끼리 부딪치는 것보다 뇌신경 자극이 더 빨라질 테니까요. 이 밖에도 손을 쓰며 뇌를 자극하는 움직임은 많죠. 깍지 끼고 손가락 스트레칭하기, 손가락 주무르기, 손가락 숫자세기, 손가락 차례로 오므려 펴기, 손가락 템포(finger tempo 또는 finger tutting), 손가락 춤추기, 가위바위보 놀이, 구슬치기, 구슬 꿰기, 공기놀이, 실뜨기놀이, 종이접기, 블록 쌓기, 반죽놀이, 낙서하기, 그림 그리기, 빨래하기, 요리하기, 젓가락질 등등.

또 유아전기에 많이 해봤던 건지곤지 잼잼도 소근육과 뇌 발달에 좋단 건 상식이 됐죠. 근데 건지곤지 잼잼을 일본말 '곤지곤지(コンジコンジ)'로 오해하시는 분들이 더러 계세요. '건지곤지'는 '하늘 건(乾) 알 지(知) 땅 곤(坤) 알 지(知)'라 써요. '하늘과 땅의 이치를 깨닫는다.'는 뜻이죠. '죔죔' 혹은 '죄암죄암'에서 변형된 '잼잼'의 기본형은 '쥐다'예요. 그러니까 '건지곤지 잼잼'은 '천지의 이치를 알고 내 것으로 갖는다(쥔다).'는 뜻이에요. 여기에서 '천지의 이치'란 '많은 이들에게 이로운 사람(홍익인간)'이 아닐까요. 또 유아전기에 자주 해봤던 박수 중에 '짝짜꿍'도 '작작궁(作作穹)'으로 일어날 작(作)과 하늘 궁(穹)을 써요. '하늘의 뜻이 일어난다.'는 뜻이죠. 이 얘긴 이쯤에서 각설하고… 자녀들이 공부 중 무심결에 해보는 볼펜 돌리기도 정교한 손가락운동이죠. 그러니 공부 중에 쓸데없는 장난한다며 꾸중하지 마세요. 자녀가 공부머리를 만들려 애쓰는 중이니까요(˘˘).

지금까지 공부머리 만드는 손가락운동에 대해 알아봤어요. 소근육을 쓰는 손가락운동은 알츠하이머나 치매를 예방하고 치료하는 좋은 방법이에요. 또 아이들의 자폐스펙트럼 장애, 뇌성마비, 발달장애, 다운증후군, 쓰기 신경장애 등도 개선해 줘요. 손가락이 뇌, 척수, 말초신경계와 직접 연관돼 있어서죠. 연구들에 따르면, 손가락을 많이 쓸수록 두뇌기능과 학교성적이 더 향상돼요. 손가락운동이 전두엽의 감각운동피질과 뇌신경을 활성화하고, 기억력을 크게 증가시켜 줘서죠. 손을 자극하는 운동은 꽤 많아요. 자녀들이 즐겁게, 습관적으로 할 수 있는 손가락운동방법들은 다음과 같아요.

손가락운동 핵심정리

a. 손가락 소근육 사용이 주(main)가 되는 운동을 한다.

- 형태에 따른 박수 치기 예: 손가락 끝 박수, 합장박수, 손바닥 박수, 손목 박수, 주먹박수, 손등 박수, 손날 박수, 그밖에 창작 형태 박수 등등

- 리듬에 따른 박수 치기 예: 웃음박수, 톰과 제리 박수, 상하좌우박수, 설래끄떡박수, 그밖에 창작 리듬박수 등등

※ 노래 부르거나 리듬에 맞춰 박수 치면 공부머리 형성에 더 좋다.

- 그 밖에 손운동 예: 깍지 끼고 손가락 스트레칭하기, 손가락 주무르기, 손가락 숫자세기, 손가락 차례로 오므려 펴기, 손가락 템포, 손가락 춤추기, 가위바위보 놀이, 구슬치기, 구슬 꿰기, 공기놀이, 실뜨기놀이, 종이접기, 블록 쌓기, 반죽놀이, 낙서하기, 그림그리기, 빨래하기, 요리하기, 젓가락질, 곤지곤지 잼잼, 볼펜 돌리기, 창의적 손운동 등등

b. 적당한 운동시간

- 짧게, 수시로 실시한다.

c. 권장사항

- 생활 속에서 습관적으로 실천한다.

- 걸어가며 박수 치는 등 손가락운동을 병행한다.

- 공부 중 또는 휴식 중 실천하면 학습효과가 더 크다.

사진출처: Stock Cake(2024)

"아이들은 스스로 학습할 의지와 능력도 갖고 있다. 그러나…"

– 본문의 몬테소리 얘기 중에서 –

IV. 적용: 자기주도학습 위드 운동

SELF-DIRECTED LEARNING WITH EXERCISES

"자기주도학습, 잘하는 아이는 누구?"

학습할 욕구와 능력 갖고 태어나는 아이

'스스로 공부'를 뜻하는 자기주도학습(Self-Directed Learning: SDL). 2024년 현재 초중고 학교에서 시행하는 2015 개정교육과정의 핵심키워드죠. 이제 곧 시행될 2022 개정교육과정에서도 여전히 강조점이고요. 저는 SDL의 사상적 원천을 루소라 생각해요. 루소의 교육서 에밀(Emile)은 아동중심교육의 기원이 됐죠. 루소는 성인을 모방하라며 다그쳤던 당시 아동교육을 반대했죠. 그는 말했어요.

모든 어린이들은 자기만의 고유한 특성과 역량을 갖고 태어난

이렇게 운동해야 성적 오른다

다. 그리고 그걸 자연(발달단계)에 따라 스스로 가꿀 수 있다.

　　　　루소의 이런 사상은 프뢰벨과 몬테소리 등이 계승했죠. '아동중심교육'이란 용어를 처음 쓴 사람은 프뢰벨이었어요. 특히, 몬테소리는 아이의 주도성을 누구보다 강조했죠. 앞서 '인문학적 관점'에서 말씀드렸지만, 그녀도 아동이 천성적으로 자기 발전욕구와 그 잠재력을 갖고 있다 믿었죠. 그래서 그녀는 이렇게 경고했어요.

　　아이들은 스스로 학습할 의지와 능력도 갖고 있다. 그러나 누군가의 억압이나 강요가 있다면 그 의지와 능력이 이내 사라져 버린다.

　　　　미국의 듀이(Dewey, J.)도 스위스의 피아제(Piaget, J.)도, 그리고 러시아의 비고츠키(Vygotsky, L.)도 루소 사상을 이어받았어요. 피아제와 비고츠키는 아동발달과 교육에 이견은 있었지만 '아이들이 스스로 학습할 욕구와 능력을 갖고 있다.'는 루소의 생각을 그대로 따랐죠.

어떤 아이가 성인용 자기주도학습을 척척 해낼까

19세기에 사람들은 자기교육(self-education), 자기계획학습(self-planned learning), 자기교수(self-teaching), 개인학습(individual study), 독학(independent learning) 등에 관심이 커졌어요. 이때 "아이들의 홀로 학습이 과연 가능할까."에 대한 논쟁도 커졌죠. 이후 1967년에 캐나다의 터프(Tough, A.)가 '교사 없는 학습(Learning Without a Teacher)'이란 책을 냈어요. 1975년엔 미국의 놀즈(Knowles, M.)가 그의 책(Self-directed Learning: A Guide for Learners and Teachers)에서 '자기주도학습(Self-Directed Learning: SDL)'이란 용어를 처음 썼고요. 터프와 놀즈가 왜 자기주도학습(SDL)을 강조했을까요. 이유는 간단해요. 'SDL'을 하면 더 즐겁게 학습하고, 더 높은 성적을 거두게 돼서죠. 그럼, SDL을 어떻게 이해하면 되나요. 놀즈의 정의는 이래요(Knowles, 1975; 1980).

SDL은 타인 도움이 있든 없든 스스로 뭘 학습할지 알고, 목표를 세워, 학습에 필요한 조건과 방법을 선택해 실행한 후 평가하는 과정이다.

이 정의는 현재 SDL의 가장 일반적 개념이 됐어요. 그런데 터프나 놀즈의 SDL은 사실 '성인용'이었어요. 그들조차 아이들이 자기주도성을 발휘하기엔 한계가 있다고 여겼던 거죠.

이 논쟁은 지금도 꾸준히 진행 중이에요. 솔직한 얘기로, '뭘 학습할지 알고 목표를 세워 공부한 후 자기평가까지 해내는 일'은 성인에게도 쉽지 않죠. 그렇지 않나요. 하지만, 스스로 알아서 척척 공부하는 아이들이 있는 것도 사실이에요. 그러니 SDL이 어렵긴 하나 불가능한 일은 아니란 거죠. 자녀가 '자기주도성'만 갖췄다면 말이죠. 그럼, 자기주도성이란 뭘까요. 그걸 밝혀보려고 미국의 굴리엘미노(Guglielmino, L.) 교수가 '자기주도학습 준비척도(Self–Directed Learning Readiness Scale: SDLRS)'란 걸 만들었죠. 그녀가 이 척도를 만든 지 벌써 50여 년이 돼가요. 하지만 전 세계에서, 그리고 모든 교과에서 그 척도를 여전히 활용하고 있죠. 물론, 어린이 대상으로도 널리 쓰여요. 그녀는 공부에 대한 애정, 학습계획수립과 추진력, 책임감, 호기심, 문제해결력 등을 갖춘 자녀라면 SDL이 가능하다고 봤죠(Guglielmino, 1978; Guglielmino 등, 2007).

사진출처: Stock Cake(2024)

"맛있는 마시멜로와 자기주도학습이 뭔 상관?"

롱(Long, H.)도 굴리엘미노의 견해에 동의하면서도 심리적 주도성을 가장 강조했죠. 심리적 주도성은 자기통제력(self-regulation)을 뜻해요(Long, 1989). 예컨대, 놀고 싶어도 학습내용이 어려워도 꾹 참고 계획대로 추진하는 능력이죠. 이 능력은 짐머만(Zimmerman, B.) 등(2005)이 말하는 자기조절력(self-regulated competency)이에요. SDL은 자기조절력을 바탕으로 이뤄져요. 내적 동기가 강할수록 자기조절력도 강해져요. 어떤 이유에서든 학습의욕이 강한 아이가 스스로 마음을 다잡으며 스스로 공부한단 거죠. '자기조절력 효과'에 관한 가장 대표적 연구는 '마시멜로 실험'이 아닐까요. 1972년 스탠퍼드 대학의 미셸(Mischel, W.) 교수팀은 유치원생들에게 마시멜로를 1개씩 나눠줬어요. 그리곤 그 애들에게 "마시멜로를 15분간 안 먹으면 1개를 더 주겠다."고 말했죠. 그걸 지킨 아이도, 못 지킨 아이도 있었죠. 연구팀은 마시멜로의 달콤한 유혹에 빠진 아이보다 그걸 자제했던 아이의 '자기조절력'이 강한 거라 해석했어요. 1990년에 그 연구팀은 당시 유치원생들의 학업상황을 추적했어요. 그 결과, 마시멜로의 유혹을 견뎌냈던 아이들의 학교성적과 수능시험(Scholastic Aptitude Test: SAT)점수가 더 우월했죠. 이후 많은 연구자들이 후속연구를 했고 그 결과들은 대개 일치했어요.

문제는 IQ가 아니라 부릉부릉 메타인지

SDL을 말할 때 필수요소가 또 있죠. 그래요. 바로 메타인지(metacognition)예요. 앞에서 말씀드린 '자기조절력'이 자동차의 '주행능력'이라면, 메타인지는 부릉부릉 '엔진을 켜는 일'이죠. 많이들 아시다시피, '메타인지'는 일반적인 인지과정을 한 차원 뛰어넘는 '초인지'를 말해요. 초인지 개념은 아리스토텔레스의 '영혼이론'에서 그 뿌리를 찾을 수 있어요. 아리스토텔레스는 그의 책 '영혼에 관하여(On the soul)'에서 영혼을 세 가지 유형으로 나눴어요. 생장과 관련된 '식물적 영혼', 감각, 상상, 기억, 운동과 관련된 '동물적 영혼', 그리고 논리적 이성 등의 철학적 사고, 창의성 등의 고등사고기능과 관련된 '이성적 영혼'으로요. 초인지는 이성적 영혼과 결이 같아요(Shiffman, 2011에서 재인용함). 또 하이즈(Heyes, C.) 등(2020)의 '메타인지의 문화적 기원(Knowing Ourselves Together: The Cultural Origins of Metacognition)'을 보면, 메타인지는 최소한 수천 년 전부터 인간이 행해왔던 마음활동이에요. 요가, 명상, 그리고 기독교나 불교 등의 종교적 수련과정인 마음챙김(mindfulness)같은…. 그 심리적 평안상태에서 메타인지가 발동한단 거죠. 그 과정에서 내게 닥친 문제가 뭔지 알게 되고 그 문젤 어찌 해결할지 알게 되는 과정이 메타인지란 겁니다. 피아제와 비고츠키의 인지발달이론에서 말하는 자기성찰도 메타인지랄 수 있죠. 메타인지란 용어를 처음 썼던 플라벨(Flavell, J.)은 이렇게 말했어요(Flavell, 1979).

연구결과, 많은 어린이들은 자신이 학습할 내용과 자신의 학습능력을 파악하는 메타인지력이 매우 제한돼 있다. 또 자신이 학습에 충실하고 있는지, 학습내용을 얼마나 기억하고 이해하는지를 스스로 모니터링하지도 않는다.

자기학습능력을 스스로 알고 있는 아이. 자기에게 맞는 내용과 방법을 스스로 찾는 아이. 그리고 학습 중이나 후에 객관적 자기평가가 가능한 아이. 이런 아이가 SDL을 할 수 있단 얘기죠. 플라벨은 이 여러 능력들을 한마디로 '자기주도력'이라 말했어요. 이게 갖춰진 사람만이 학교에서든 기업에서든 높은 성취를 거둔다고 강조했죠.

약방엔 감초, 자기주도학습엔 긍정성향

아이의 긍정성향도 SDL 수행을 위해 꼭 필요한 요인입니다. OECD(2021)는 코로나 팬데믹과 관련해 SDL의 중요성을 재인식했죠. 기억하시다시피, 어느 나라든 몇 년간 휴교령이 지속됐었잖아요. OECD는 이미 2019년에 긍정성향과 학습의 관계를 강조한 바 있어요. 그때 긍정성향은 대개 유아기부터 학령기까지 형성되며, 이는 '자발적 평생학습의 토대'가 된다고 밝혔어요. 그리고 2021년엔 '태도와 성향(Attitudes and dispositions)'을 연구했죠. 그 결과, 긍정성향을 지닌 아이들은 학습에 즐겁게 참여하며 자기효능감도 크다고 봤어요. 긍정성향이 학습에 미치는 영향을 간추리면 이래요.

회원국들의 긍정성향과 학교성적 간의 관계를 보면, 긍정성향이 강한 아이들은 국어성적이 상대적으로 무려 66점이나 더 높았다. 수학성적은 20점 더 높았다. 코로나19 팬데믹기간에 나라마다 휴교상태가 꽤 길었다. 이때 SDL이 절대 필요했던 시기였다. 학습자의 긍정성향에 따라 학습결과가 달라졌다.

OECD의 이 결과는 앞의 '과학적 근거'에서 살펴보셨던 코라디노(Corradino, C.) 등(2024)의 '긍정적 감정과 학업성취도(Positive emotions and acdemic achievement)'의 결과와도 일치해요. 그 연구에서 긍정성향은 수업 집중력, 문제해결력, 창의력 발휘를 도와 학교성적을 올려줬죠.

지금까지 살펴보셨듯이, SDL은 적극적 아동중심 학습이에요. 자녀가 스스로 즐겁게 공부하면 학교성적향상은 당연지사죠. 세상 어느 부모님이라도 간절히 원하는 자녀의 자기주도학습. 정말 좋은데, 터프(Tough, A.)나 놀즈(Knowles, M.) 등의 전문가들의 걱정처럼 쉽진 않아요. 부모님께서 조금만 도와주세요. 자녀가 우선 긍정성향부터 갖추도록. 그래야 공부에 대한 남다른 애정과 특별한 동기가 생겨요. 메타인지력도 자기조절력도 필요해요. 루소의 주장대로 아이들은 학습할 의욕과 능력을 갖고 태어나요. 하지만 그 의욕과 능력의 사이즈는 저마다 달라요. 그래서 'SDL 능력도 체력처럼 길러야' 돼요. 또 '공부의 또 다른 이름은 습관'이에요. 부모님께서는 자녀가 SDL의 의욕과 능력을 키우고 습관이 될 때까지 인내하며 도와주셔야 해요. 이어지는 글에서는 자녀의 SDL을 어떻게 돕는 게 좋을지 함께 생각해 봐요.

"자기주도성,
어찌 키울까요?"

믿음과 인내로 시작하는 자녀의 SDL

자녀의 자기주도성을 키워주려면 뭣부터 해야 할까요. 먼저 '내 아이가 학습할 의욕과 능력을 갖고 태어났다.'는 걸 믿으셔야 돼요. 그리고 인내와 기다림은 양념으로…. 그게 자녀의 SDL을 돕는 첫걸음이죠. 저는 30년 넘게 교과교육학을 강의하고 있어요. 전 개강 때마다 예비교사, 현직교사, 교육전문직에게 "어떤 아이든 학습의 욕구와 능력을 갖고 있다."는 걸 강조해요. 그게 전제돼야 교육이 뭔지, 교사는 뭘 해야 될지를 알게 돼서요. 이를테면, 교육을 보는 2개의 관점이 있어요. 하나는 '가르치는 것(teaching)'이고, 또 하나는 '도와주는 것(helping)'이에요. 가르치는 건 '에듀케이트(educate)'라 하고, 도와주는 건 '에듀까레(educare)'라 해요. 이탈리아어인 '에듀까레'를 영어식으로 '에듀케어'라 말하시는 분들도 계시지만요. 암튼…. 가르치는 건 수직적 개념이에요. 교사나 부모가 아이에게 지식이나 방법을 채워주는 관점이죠. 이때 아이는 주도성을 잃고 타고난 학습의욕과 그 능력이 쪼그라들어요. 앞에서 보셨듯이, 루소와 몬테소리가 이걸 경고했죠. 이에 반해 도와주는 건 수평적 개념이에요. 교사나 부모는 아이의 타고난 학습의욕과 능력이 발현하도록 돕는 관점이죠(손준구, 2018b; 손준구 외 2010). 이때 아이는 시행착오를 겪고 자기효능감을 맛보며 쑥쑥 성장해요.

그럼, 부모는 자녀가 SDL을 척척 해내도록 도울 방법이 있을까요. 네, 기적 같은 2가지 솔루션이 있어요. 하나는 '운동'이고, 다른 하나는 '긍정적 상호작용'입니다.

솔루션 1:

운동

자녀의 SDL을 돕는 기적의 운동솔루션

우리는 이미 철학자와 교육자들의 사상에서, 다양한 실험검증결과에서, 또 '논의' 부분에서 운동의 공부머리와 공부마음 형성효과를 체크해 봤어요. 이제, 부모님께서 하실 일은 운동의 그 기적 같은 '좋은 기운'을 믿는 거예요. 그래서 자녀가 운동할 기회를 적극 만드셔야 돼요. 저는 '논의'에서 학교성적향상에 효과 좋은 운동들을 5가지로 추천해 드렸어요. '자유롭고 행복한 운동'과 '손가락운동'이었죠. 즉, '자연 속 운동, 유산소운동, 행복한 운동, 복합운동'과 팁으로서 손가락운동을 설명드렸습니다. 이 가운데 어떤 운동이든 자녀의 SDL 능력을 길러줘요. 운동별 대표적 효과들만 확 줄여 한 줄로 보면….

- **자**연 속 운동: 스트레스 해소, 집중력 향상, 메타인지력 개선 등등
- **유**산소운동: 학습처리속도 증가, 기억력 강화, 분석력 개선 등등
- **행**복한 운동: 긍정성향 형성, 문제해결력과 자기조절력 개선 등등
- **복**합운동: 학습의 동기와 지속시간 증가, 의사결정력 개선 등등
- **손**가락운동: 전반적 학력발달, 전반적 뇌 기능 강화 등등

짐작하시듯이, 위의 효과들은 SDL의 발휘요소이기도 하죠. 해서, 자녀가 '자유행복+손'운동을 골고루, 그리고 꾸준히 실천하게 돕는 게 좋아요. 다만, 자녀의 SDL 능력 중 어떤 요소가 부족한지를 파악해 맞춤형 운동을 적용하시면 효과가 더 커져요. 이를테면, SDL 발휘에 가장 필요한 요소인 '긍정성향'이 부족한 자녀라면 '행복한 운동'에 더 치중해야죠. 행복한 운동은 도파민, 세로토닌, 엔도르핀, 옥시토신 등의 행복호르몬 분비를 돕는 운동이죠. 행복호르몬은 자녀가 긍정성향을 갖게 해요. 공부 스트레스를 잘 견디고 자긍심이 쑥쑥 자라도록 돕죠. 행복한 운동은 자녀가 원하는 자발적이고 본능적인 신체활동이잖아요. 또래랑 한마음 되는 협동놀이잖아요. 행복한 운동의 상세한 내용은 '논의'의 "행복한 운동 하면 성적 올라요."를 참고하세요. 아울러 자연환경에서 행복한 운동을 한다면 금상첨화겠죠. 숲속은 온통 행복한 기운으로 꽉 차 있잖아요. 조금 걷다가 아무 데나 앉아

　이렇게 운동해야 성적 오른다

멍때리기만 해도 SDL의 결정요소인 메타인지력이 저절로 생기는 숲터. 행복호르몬 뿜뿜 분비시키고 스트레스 사르르 없애주는 숲길. 더 자세한 내용과 구체적 방법은 '논의'의 "자연에서 운동하면 성적 올라요."에 정리돼 있어요.

팬 달궈야 계란프라이, 뇌 달궈야 우등생

이 책을 여기까지 읽으신 분께선 운동의 학교성적향상효과를 충분히 공감하실 거예요. 이쯤에서 매우 중요하게 짚어볼 게 있어요. '운동시점'에 관한 거예요. 엊그제 옆집 초등생 딸과 그 애 엄마가 엘리베이터 안에서 나눈 얘기예요.

딸애: "엄마, 놀고 나서 공부하면 안 돼?"
엄마: "당근 안 돼, 공부 먼저 해야쥥(‸ㄱ)."

'먼저 놀이(운동), 나중 공부'를 원하던 딸애. '먼저 공부, 나중 놀이'를 지시하신 엄마. 과연 누구 말이 옳을까요. 현실적으론, 엄마의 그 주장이 국룰이고 불문율이긴 하지만요(⩗). 그러나 '공부 전 운동이 좋은가, 공부 후 운동이 좋은가.' 둘 중 하나를 골라야 한다면, 당연히 '공부 전에 운동'해야죠. 운동으로 형성된 공부머리와 공부마음으로 공부해야죠. 그러니, 그 딸애

말이 맞는 겁니다. 물론, 저는 공부 전과 공부 중에 운동하길 적극 권하고, 공부 후에도 가볍게나마 운동하길 추천해요. 그럼, 의심할 여지 없이 성적이 쑤욱 올라요.

"계란프라이, 운동, 그리고 공부라?"

자, 공부 전 운동얘길 좀 더 깊게 해봐요. 꽤나 중요한 또 하나의 사실에 대해서요. 그럼, "공부 몇 분 전 몇 분간 운동해야 '공부머리와 공부마음의 형성효과'가 커질까."라는 얘깁니다. 운동의 그 효과를 최대한 높이려면 타이밍이 중요해요. 무

　　　　　　　　이렇게 운동해야 성적 오른다

슨 말일까요. 계란프라이도 맛있게 요리하려면 먼저 팬을 잘 달궈놔야죠. 약하게 달구면 계란이 안 익고 눌어붙어요. 반대로 세게 달구면 계란이 시커멓게 타버려요. 그래서 적당히 달궈야 해요. 또 계란프라이를 연거푸 하려면 달궈진 팬의 온도가 얼마나 지속될지 파악해야죠. 그래야 불 조절해 요리하죠. '요리는 타이밍'이에요. 아니, 뭐든 타이밍이죠. 쇠도 달궈졌을 때 두드려야 되고, 뇌도 달궈졌을 때 공부해야죠. 뇌를 달군다는 건 공부머리를 만든다는 거죠. BDNF와 행복호르몬이 분비되고 뇌신경세포가 생성돼 시냅스 기능이 원활해진 상태를 말하죠.

공부, 몇 분 전 얼마나 운동해야 될까

역시 중요한 건 '공부하기 몇 분 전에 어떤 운동을 얼마나 하면 좋은가.' 또 '운동으로 형성된(달궈진) 공부머리는 얼마 동안 지속되는가.'를 알아두시는 거죠. 그래야 자녀가 '공부 전, 휴식 중, 공부 중 각각 할 운동들'을 미리 선정토록 도우실 수 있죠. 요걸 미리 알고 계획해 두시면 이미 절반 이상은 성공한 셈이죠.

우선, '학교성적 올리는 운동시간'부터 볼게요. '과학적 근거'와 '논의' 부분에서 보셨듯이, 연구마다 그 운동시간은 일치될 순 없어요. 이를테면, 바이(Bai, S.) 등(2020)의 연구에선, 매일

'50분' 운동그룹의 학교성적이 가장 높게 올랐고(Liu 등, 2023에서 재인용함), 리우(Liu, G) 등(2023)은 '2시간' 운동그룹의 학교성적이 가장 큰 폭으로 향상됐어요. 다만, 리우 등은 매일 '3시간 넘게' 운동했더니 학교성적이 확실히 뚝 떨어졌다고 경고했죠. 도옹(Dong, Y.) 등(2020)의 결과에서도 '2시간 넘게' 운동한 그룹의 학교성적이 저하됐고요(Liu 등, 2023에서 재인용함). 이처럼, 몇 분을 운동해야 학교성적이 오르는가에 대한 결과는 일치하지 않아요. 왜일까요. 그건 연구마다 실험조건인 운동의 방법과 상황이 같을 수 없어서죠. 또 학생들의 체력, 운동능력, 그 밖의 심신조건도 달라서죠. 뒤에서 애기할 '운동시간과 공부머리 형성' 연구결과들도 그래요. 그러나 이들 연구에서 아주 값진 교훈을 얻을 수 있죠. 뭐냐면, 운동을 오래, 많이 하는 만큼 학교성적이 오르는 게 아니란 점, 과도한 운동(혹은 장시간 운동)은 되레 학습을 방해한단 점이죠. 이런 경향은 남학생보다 여학생에게서 더 뚜렷했잖아요(Liu 등, 2023). 꼭 유념하시면 좋겠네요.

그다음, '공부머리 형성에 필요한 운동시간'은 어떨까요. 윈터(Winter, B.) 등(2007)이나 메우센(Meeusen, R.) 등(1995)은 '40분 저강도 달리기'를 해야 최적의 공부머리가 형성된다고 보고했어요. 2023년 미국 국립만성질환 예방 및 건강증진센터(NCCDPHP)와 하버드의대는 '30분가량' 중강도 유산소운동을 권했고요. 물론, 이보다 좀 더 긴 시간을, 또는 훨씬 짧은 시간을 추천하는 연구들도 있어요. '과학적 근거'에서 이미 보셨듯이, 노세이(Northey, J.) 등 (2018)은 '1시간가량' 중강도 이상의 유산소운동을, 사마니(Samani, A.) 등(2018)은 '10분'간 자전거타기를 권했어요. 특히, 사마니 등은 10분간 중강도로 자전거 타면 공부머리가 형성되는데 자전거를 20분 탄다고 그 효과가 더 좋아지는 건 아니라 했죠. 무리할 필요가 없단 얘기죠. 기븐스(Gibbons, T.) 등(2023)의 연구도 되새길 만해요. 실험결과에 따르면, 30분 이상 저강도 사이클링 때보다 '6분'간 고강도 사이클링할 때 BDNF 분비수치가 무려 5배가량 더 증가됐어요. 누적시간은 6분이었고요. 40초 전력질주, 20초 휴식, 40초 전력질주의 고강도 인터벌 트레이닝(High-Intensity Interval Training: HIIT)형태였어요.

이처럼 '공부머리 형성'에 필요한 운동시간도 연구마다 일치할 순 없어요. 그러나 '과학적 근거'와 '논의' 부분에서 확인하셨듯이, '20~30분 운동주장설'이 가장 우세했어요. 앨튼버그(Altenburg, T.) 등(2016), 엘렘버그(Ellemberg, D.) 등(2010), 자브리스키(Zabriskie, H.) 등(2019), 그리고 스츠키(Suzuki, W., 2021a)를 비롯한 다수의 연구결과들에서요. 주로 중강도 유산소운동을 권했고요. 중강도 이하에서 운동효과가 더 크단 주장들도 있었죠. 이를테면, '논의'에서 살펴보셨던 폴란드의 야네츠코(Janeczko, E.) 등(2023)의 연구가 그랬죠. 숲길을 저강도로 천천히 '30분'만 걸으면 최적의 공부머리와 공부마음이 형성됐죠. 산악자전거그룹보다 더요. 30분을 빨리 걷는 것도, 가파른 산행도 아니었잖아요. 2024년 호주 국립 온라인보건원, 헬스다이렉트(Healthdirect)도 야네츠코 등의 주장과 비슷해요. '30분' 산책 후 긍정성향을 갖게 됐다죠. 하지만, '30분 1회보단 10분씩 3회'일 때 더 큰 효과를 봤다는군요. 이 연구들은 숲의 신비로운 효과가 더해진 결과라고 생각해요. '논의'에서 살펴보셨던 명품공기와 자연의 소리 말이에요.

운동으로 형성된 공부머리, 얼마나 지속되나

그럼, 운동으로 형성된 공부머리는 얼마 동안 지속될까요. '논의'에서 보셨듯이, 씨에(Hsieh, S.) 등(2021)의 분석(meta-analysis)에서 운동으로 형성된 아동들의 인지능력은 '30~60분간' 지속됐어요. 이 지속시간은 몇몇 연구결과들(예: Hillman 등, 2009; Lambrick 등, 2016; Peng 등, 2016)과도 딱 일치했죠. 메우센(Meeusen, R.) 등(1995)의 연구결과도 지속시간이 비슷했어요. 40분 가볍게 조깅 후 '70분 이상' 지속됐죠. 물론, 그보다 더 오래 지속된 연구들도 있어요. 차앙(Chang, Y.) 등(2012)에 따르면, 주의력, 작업기억, 문제해결, 인지적 유연성, 언어능력은 물론, 'SDL 능력의 핵심인 의사결정 및 자기조절력'이 운동 후 '2시간가량' 지속됐어요. 바쏘(Basso, J.) 등(2017)의 연구에서도 운동 후 '2시간가량 행복호르몬이(운동중단상태에서도) 분비돼 공부머리'를 지속했죠. 단, 중강도의 즐거

이렇게 운동해야 성적 오른다

운 운동이란 조건일 때요. 이 점을 유념하시길요.

2022년 스포츠신경의학박사 윌리암스(Williams, V.)의 주장은 좀 더 솔깃해요. 그가 쓴 운동의 과정과 종료 후 뇌에서 무슨 일이 생기는가(This Is Exactly What Happens to Your Brain During and After Exercise)란 논고를 대폭 압축하면 이래요.

운동시작 후 '5분'이 지나면 뇌에 산소와 영양분이 안정한 상태일 때보다 더 원활히, 더 많이 공급된다. 이때 뇌신경세포가 활발히 생장하기 시작한다. '20분가량' 지나면 뇌에서 엔도르핀 등 여러 행복호르몬들이 분출된다. 이때 긍정적 사고력이 커진다. 뇌의 변화는 운동이 끝난 후에도 계속 이어진다. '60분 후에도 BDNF 분비가 지속'돼 공부머리를 유지시킨다.

이처럼, 운동 후 형성된 공부머리와 공부마음의 지속시간은 약 '30분에서 2시간'이에요. 자녀가 그 시간에 공부하면 아주 딱 좋죠. 물론, '누가 어떤 운동을 어떻게, 그리고 어디에서 하는가.'에 따라 그 지속시간은 증감될 테지만요. 이를테면, 30분을 걷더라도 실내 러닝머신 위에서냐, 숲속 산책길이냐에 따라 그 효과와 지속시간은 달라져요. 또 같은 운동도 네겐 즐겁고 적당하지만, 내겐 재미없고 과도하다면 같은 결과가 안 생겨요. 또 한 가지, 가끔 운동하기보다 매일 꾸준히 운동할 때 그 효과와 지속시간이 더 길어져요. 당연한 얘기들이지만, 꼭 기억해 두시길요.

지금까지 "공부 몇 분 전에 어떤 운동을, 얼마나 하면 좋은가." 또 "운동으로 형성된 효과들(공부머리와 공부마음)의 지속시간은 얼마인가."를 알아보셨어요. 이를 참고해 적용방안(예)을 구상해 볼까요. 먼저, '공부 전 30분 이상 중강도 유산소운동'을 선정해요. 물론, 자녀가 원하는 행복한 운동으로요. 그리고 공부(40분 기준) 후 휴식(10분가량)해요. 이때 '맨손체조 등의 가벼운 운동'을 계획해요. 또 좀 더 공부해야 한다면, 짤막한 중간운동들을 휴식 횟수만큼 계획해 둬야죠. 그리고 가정과 자녀의 상황에 맞는 공부병행 운동들도 선정해 두세요.

이렇게 운동해야 자기주도학습 척척

부모님께서 공부 전, 중, 후 운동의 필요성과 가치를 공감하셨다면, 이제 자녀의 운동을 도우실 요령들을 알아봐요.

첫째, '자녀가 주도적으로 운동'하도록 도우세요. 자녀가 운동을 계획하고 방법을 정하며 평가까지 스스로 하도록 응원해 주세요. '어떤 운동을 어떤 방법으로 얼마나 할 건가.'를 월별, 주별, 일별, 시간별로 계획하게 도우세요. 운동계획은 당연히 공부시간과 연계돼야죠. 또 운동 후엔 간단하게라도 자기평가를 하게 도우세요. '계획대로 운동을 실천했나.' '운동방법은 적절했나.' '운동 후 느낀 점은 뭔가.' 등을 쓰도록요(뒤의 'SDL 자기평가지의 양식과 기록' 참고). 이런 자기평가는 운동의 개선과 발전에 유익할 뿐 아니라, 꾸준히 운동할 수 있는 방법이에요.

둘째, '안전하게 운동'하도록 도우세요. 간단하나마 준비운동–주운동–정리운동을 한 세트로 구성하는 게 좋아요. 준비운동은 주운동에서 주로 사용할 신체부위를 미리 자극하는 운동이에요. 그래야 주운동이 더 원활해지고 부상도 예방할 수 있죠. 정리운동은 주운동 후 긴장된 심신을 진정시키는 운동이에요. 그래야 운동으로 생긴 통증이 줄어들어요. 또한 안전한 운동을 위해 자녀의 능력을 너무 초과한 운동은 금하고, 주변 환경도 고려해야 돼요. 간혹 차도 근처에서 공놀이하던데 절대 금해야 합니다.

셋째, '여럿이 어울려 운동'하도록 도우세요. 가족이나 또래랑 즐겁게 운동하면 옥시토신 등의 행복호르몬이 훨씬 더 많이 분비돼요. 이런 호르몬들은 SDL의 바탕인 긍정성향을 형성해 공부 스트레스를 견디며 계획대로 공부하게 돕죠(손준구, 2011; Gebauer, 2016; Howard, 2023). 또 여럿이 어울려 운동하면 더 열심히, 더 꾸준히 운동할 수 있게 돼요.

　　　　이 밖에도 자녀의 운동능력이 점차 발전하도록 도우세요. 이를테면, 오늘 줄넘기를 10분간 300회를 넘었다면 다음 주엔 10분간 330개를 넘게 격려해 주세요. 또 오늘은 점프, 내일은 90도 방향 틀어 점프, 모레는 180도 방향 틀어 점프에 도전하게 격려하세요. '운동의 강도를 점점 늘리거나 새로운 방법으로 도전하면 뇌신경이 더 활성화'돼요. 또 운동할 상황이 아닌 날엔 엘리베이터 대신 계단을 이용하고, 공부병행 운동으로 보충하게 도우세요. 이미 '논의'의 '자유행복'+손가락운동에서 운동별 실시 방법들을 소개해 두었어요. 꾸준히 운동하는 자녀, SDL 능력과 학교성적이 쑥쑥 올라요.

솔루션 2:
긍정적 상호작용

SDL 돕는 긍정적 상호작용 세 가지

SDL의 바탕이자 절대핵심요건은 '긍정성향'이죠. 수많은 전문가들은 말해요. "자녀의 긍정성향은 부모와 자녀간의 '긍정적 상호작용'에서 자란다."고. 아시다시피, 긍정적 상호작용의 방법은 많죠. 여기에선, 자녀의 SDL을 돕는 '칭찬', '긍정적 기대감', 그리고 '발문'에 대해 얘기해 볼까요.

칭찬

칭찬은 자녀가 운동할 때도 공부할 때도, 그리고 평상시에도 필요하죠. 꽃은 햇빛 받으며 활짝 피고 자녀는 부모의 칭찬을 받으며 밝게 자라잖아요. 저는 강의 때마다 교사들에게 늘 간곡히 당부해요. 애들에게 칭찬을 많이 하라고. 특히, 수학 이나 영어처럼 어려운 수업일수록. 그리곤 그 교사들에게 칭찬과 꾸중의 결과를 직접 체험케 해요. 그래야 제 당부를 명심할 테니까요. 해서, 강의 때 가끔 간단한 실험을 해요. 아직 피어나지 않은 장미 꽃망울 두 송이와 물병을 준비하죠. 한 송이는 강의실 앞쪽 출입문 쪽에, 다른 한 송이는 강의실 뒤쪽 출입문 쪽에 둬요. 그리고 교사들에게 당부합니다. 앞쪽 장미엔 교사 자신이 살아오면서 가장 기분 좋았던 칭찬을, 뒤쪽 장미엔 가장 기분 나빴던 꾸중을 하도록. 교사들이 장미에 했던 칭찬과 꾸중은 이래요.

- 칭찬 예: "네가 해낼 줄 알았어, 축하해."

  "땡큐, 네가 있어 행복해."

  "예쁘게, 빛나게 잘 크렴."

- 꾸중 예: "네 친구 ○○이 반만 닮아봐."

  "너 같은 걸 낳은 내가 죽고 싶어."

  "그래 놓고 밥이 넘어가니."

실험은 2주가량 진행돼요. 짧은 기간이지만 사진처럼 두 장미의 모양은 확연히 달라져요. 칭찬받은 장미는 예쁘게 활짝 피어나고, 꾸중 들은 장미는 새까맣게 말라 죽어요. 그 죽은 장미를 보며 눈물을 글썽이던 몇몇 교사들이 지금도 눈에 선하네요. 그들의 마음도 그 장미처럼 새까맣게 죽을 만큼 아팠던 걸까요.

사진출처: 손준구(2011)

긍정이 만든 장미

실험 전 두 장미

부정이 만든 장미

예비교사와 현직교사들이 참여한 장미실험

언젠가부터 우리는 '칭찬의 역습'이니 '칭찬의 배신'이니 하는 말을 자주 듣곤 해요. 칭찬이 오히려 역효과를 준단 거죠. 어느 날 박사과정 강의 중 한 분이 이런 말씀을 하셨어요. "교수님, 요즘 애들은 너무 오냐오냐 큰 게 문제예요. 칭찬약발도 없고 버르장머리만 나빠졌어요." 칭찬의 중요성을 강의하던 제게 그 부작용을 슬쩍 짚었던 거죠. 그 수강생은 교장선생님이 셨어요. 네, 그분의 말뜻도, 심정도 크게 공감해요. 뭐든 과유불급이죠. 하지만 그 교장이 표현하셨던 '아이를 오냐오냐 키우는 것'과 '올바로 칭찬하는 것'은 별개예요. 여기에선 SDL을 돕는 올바른 칭찬과 그릇된 칭찬에 대해 얘기해 보기로 해요.

최근 연구들에 따르면, 자녀의 '과정' 또는 '노력'에 초점을 둔 칭찬이 좋아요(Barish, 2024; Brummelman 등, 2014; Dewar, 2024; Kakinuma 등, 2020). 가령, 자녀의 운동솜씨가 늘거나 학교성적이 올랐을 때 이렇게 칭찬하는 거죠.

꾸준히 운동하더니 자세가 점점 좋아지네.
스스로 척척 공부하니까 성적이 더 올랐네.

이처럼 '과정과 노력'에 초점을 둔 칭찬은 자녀의 동기를 강화해 주고 집중력과 지속시간도 증가시켜요. 운동이든 공부든 말이죠. 또 이런 칭찬을 받은 자녀는 성장형 사고방식(growth mindset)을 갖게 돼요. 실패를 거울삼아 끝까지 노력하는 긍정성향의 아이죠. 이에 반해 '결과' 또는 '재능'에 초점을 둔 칭찬은 단기효과만 있을 뿐, 그닥 오래가질 않아요. 부작용도 만만찮고요. 이를테면, 이런 칭찬이죠.

   이렇게 운동해야 성적 오른다

　　이처럼 '재능과 결과'에 초점을 두는 거죠. 이런 칭찬은 자녀의 우월감을 쑤욱 키워줘요. 사실, 자녀들은 재능이나 지능에 초점을 둔 이런 칭찬을 좋아해요. 자신이 특별한 존재라며 우쭐해지는 그 짜릿한 느낌을 꽤 좋아하거든요. 그러나 이런 칭찬에 길들여진 자녀는 고정형 사고방식(fixed mindset)을 갖게 돼요. 자신이 좋아하고 자신 있는 내용만 공부하려 들죠. 어렵거나 낯선 학습엔 위축돼 버려요. 스트레스가 커지고, 꾀병(실제로 아파지기도 하고) 부려요. 때론 거짓말과 자기합리화로 자신 없는 학습을 피해 버려요. 부모님께서 금하셔야 할 칭찬입니다.

　　또 '과정'과 '노력'의 칭찬이라도 유의하실 게 있습니다. 첫째, '진심 어린 칭찬'이어야 해요. 2024년 육아과학자, 듀어(Dewar, G.) 박사에 따르면, 자녀가 4~5세만 돼도 그 칭찬이 진심인지 가식인지를 식별해요. 둘째, '과도한 칭찬'을 피하세요. 자녀가 쉽게 성취한 걸 칭찬하는 것도 나빠요. 이런 칭찬들은 진정성을 느끼기도 어렵지만, 자녀는 '내가 오죽 못났으면…'이란 생각을 갖게 해요. 자녀의 자존감을 올려주기는커녕 무능감만 안겨 줘요(Schoneveld 등, 2023). 셋째, '부모주도를 암시하는 칭찬'도 피하세요. "그래, 이제 잘하네. 엄마가 그러라고 몇 번이나 말했잖아."

이 코멘트는 '그러니까 이제 엄마 말 좀 잘 새겨들어.'란 뜻이죠. 아이의 자기주도능력을 뚝뚝 꺾는 잔소리일 뿐이에요.

2024년 아동심리학박사, 배리쉬(Barish, K.)는 이렇게 말했어요.

나는 지난 30년 동안 학교생활에 실패한 아이들을 꽤 많이 상담했다. 이 애들은 모두 '좌절감'과 '난폭함'이란 특징을 갖고 있었다. 이들의 공통적 특징이 또 있었다. 그건 부모나 교사로부터 따뜻한 칭찬을 받고 자란 기억이 별로 없었단 점이다.

칭찬받는다고 자녀가 죄다 교만해지진 않아요. 올바른 칭찬은 긍정성향을 키우죠. 좋은 칭찬은 물질적 보상 이상으로 뇌에 좋은 반응을 일으켜요. 그 반응이 SDL의 동력이 돼요. 다만, 공부할 때만 칭찬하지 마세요. 평소엔 무뚝뚝하거나 잔소리만 하다가 공부할 때만 칭찬해 보세요. 부모도 자녀도 어색해져요. 칭찬의 진정성도 못 느끼고요. 그러니, 일상 속에서 자꾸 칭찬하세요. 칭찬을 주고받는 것도 습관이 돼야죠. 자녀랑 운동하며 칭찬해 보세요. 칭찬하기도 참 자연스럽고 즐거운 상황이죠. 그런 상황에서 칭찬은 자녀의 자기효능감을 쑥쑥 키울 테죠. 그 쑥쑥 자란 자기효능감이 어딜 가겠어요. 공부에도 부모공경에도 쓰일 테죠.

     이렇게 운동해야 성적 오른다

긍정적 기대감

긍정적 기대감은 '피그말리온 효과(pygmalion effect)'란 말로 잘 알려져 있죠. 잘 아실 테지만, 워낙 효과 큰 상호작용이라 걍 넘기긴 아쉽네요. 해서, 아주 짧게나마 정리할게요.

그리스신화의 피그말리온은 조각가였죠. 그는 어느 날 열과 성을 다해 상아로 여인상을 만들었어요. 눈부시게 아름다운 여인상이었죠. 독신인 그는 그 여인상에 흠뻑 빠졌어요. 갈라테이아란 이름도 지어줬고 입맞춤도 하면서 열망했죠. "오, 신이시여. 부디 이 여인에게 생명을 주소서." 이게 어디 말이나 되는 소린가요. 그러나 피그말리온은 언젠가 조각상이 생명을 가질 거라 굳게 믿었어요. 그는 신께 빌고 또 빌었죠. 결국 그의 염원에 감동한 사랑의 여신, 아프로디테가 그 조각상에 생명을 불어 넣어 줬어요. 지성이면 감천이란 게 이런 거겠죠.

"기대감이 기적의 씨앗 되어"'

　　피그말리온 신화는 1968년 미국에서 재현됐어요. 하버드대 로젠탈(Rosenthal, R.) 교수 등은 샌프란시스코 초등학교에서 매우 흥미로운 실험을 했어요(Rosenthal 등, 1968). 전교생에게 일반 IQ테스트 한 후 그중 20%를 무작위로 따로 선별했죠. 그리곤 그 애들을 '우등생(intellectual bloomer)'이라 명명했어요. 물론, 가짜였죠. 무작위로 추려낸 거니까요. 그리곤 학년말에 전교생을 다시 테스트했어요. 그 결과, 그 가짜 '우등생'들은 모두 높은 성적을 받았죠. 가짜가 진짜로 바뀐 거예요. 로젠탈 등은 이번엔 체육관에서 실험했죠(Rosenthal 등, 1985). 고등학생들에게 윗몸일으키기(여), 팔굽혀펴기(남), 점핑, 블록 달리기 등을 테스트했죠. 그리고 그중에 우등생을 선별했죠. 물론, 이번에도 가짜였어요. 그러나 그 선별된 아이들의 운동기량은 추후 모두 남달리 발전했죠.

공부든 운동이든 가짜 우등생들이 나중에 진짜 우등생이 된 이유는 뭘까요. 실험의도를 몰랐던 교사와 코치들이 우등생으로 선별된 학생들에게 기대감을 갖고 대해서죠.

뭐, 이런 특별한 기대감이었겠죠. 피그말리온 효과를 머튼(Merton, R.)은 '자기실현적 예언(self-fulfilling prophecy)'이란 말로 표현했어요. 상대방의 주장을 사실로 받아들인 사람은 실제로 그걸 이루려 애쓰는 심리예요. 로젠탈 연구 이후 많은 후속연구들이 쏟아졌죠. 대부분 로젠탈의 결과와 일치했어요. 이를테면, 부모님의 기대감이 크면 자녀의 기대감도 커져 학교성적이 올라요 (Boonk 등, 2018; Brooks, 2024; Tatlah 등, 2019; Trinidad, 2019). 특히, 부룩스(Brooks, R.)는 이렇게 강조했어요.

대감이 없어서다.

　　　그의 기대감 예찬이 참 대단하죠. 물론, 반론도 있어요. 우리는 바로 앞에서 '과정칭찬'과 '재능칭찬'에 대해 얘길 했죠. 기대감도 그래요. 만일 자녀에게 '재능'을 내세워(혹은 과도한) 기대감을 전한다면 어찌 될까요. 자녀의 자기효능감은 일시 향상하겠지만, 부모님의 기대치를 못 이룰 경우 부작용이 생겨요. 어려운 학습을 할 땐 스트레스를 크게 받거나 꾀병과 거짓말을 하게 돼요. 해서, 자녀의 능력을 훌쩍 뛰어넘는 기대감은 안 좋죠. 시일을 두고, 자녀의 발전상황을 보면서 기대감의 수준을 조금씩 올려야죠. 또 기대감과 함께 과정과 노력에 초점을 둔 칭찬을 곁들이세요. 제가 앞에서 말씀드렸죠. "꽃은 햇빛 받으며, 자녀는 부모의 칭찬과 기대감 받으며 자란다."고요. 그렇지만, 그 햇빛이 너무 강하면 꽃은 타 시들고, 그 기대감도 너무 과하면 자녀의 의욕이 시들어 버리죠. 속으로 곪아갈 수 있어요.

　　　참고로 당연한 얘기지만, 기대감은 성향과 관계없이 그 위력이 막강해요. 이를테면, "너 따위가 무슨 공부를 잘하겠니."란 부정적 코멘트를 받은 자녀는 결코 공부를 잘할 수 없죠. 로젠탈은 이 부정적 성향의 기대감을 '골렘효과(golem effect)'라 불렀어요(Rosenthal 등, 1985). 우리가 잘 알고 있는 낙인효과(labeling effect/stigma effect)예요.

발문

질문과 발문의 차이는 뭘까요. 전 이렇게 구별해요. 질문은 몰라서 묻는 거고, 발문은 알면서도 묻는 거라고. 그럼, 알면서 왜 묻는 걸까요. 자녀의 '문제해결력 등의 고등사고력을 발동'시키려고요. 해서, '발문'이고 SDL을 돕는 확실한 수단이죠. 발문은 자녀의 사고력을 넓혀주고 스스로 솔루션을 찾도록 돕는 행위예요.

'줄탁동시(啐啄同時)'란 말뜻으로 발문관점을 좀 더 알아보죠. 줄탁동시는 빠는 소리 '줄(啐)'과 쫄(쪼을) '탁(啄)'을 '동시'에 한단 뜻이에요. '줄(啐)'은 갓난아이가 '입(口)으로 죽을힘(卒)'을 다해 엄마 젖을 '줄줄' 빤단 뜻이에요. 병아리가 부리로 알껍데기를 빨듯이 깬단 뜻이기도 해요. '탁(啄)'은 '탁탁탁' 쪼아준단 뜻이죠. 하여, 줄탁동시란 병아리가 알 속에서 껍질을 깰 때 어미 닭이 그 바깥 껍질을 동시에 쪼아준단 얘깁니다.

"줄탁동시는 자녀가 제 스스로 해냈단 자긍심을 갖게 돕는 부모의 마음"

저는 앞에서 교육을 보는 2개의 관점을 말씀드렸어요. 하나는 '가르치는 것(teaching)'이고, 다른 하나는 '도와주는 것(helping)'이란 걸요. 앞의 '가르치는 교육'은 수직적 개념이죠. 부모님께서 자녀에게 지식이나 방법을 주입하는 교육이에요. 이때 아이는 주도성을 잃고 학습의욕이 확 쪼그라들어요. 그러나 뒤의 '도와주는 교육'은 수평적 개념이죠. 부모님께서 자녀의 학습의욕과 그 능력이 발현하게 돕는 교육이에요. 이때 아이는 시행착오를 겪고 자기효능감을 맛보며 성장한단 것도 말씀드렸어요. 어미 닭 혼자 알을 깨 병아리를 끄집어내는 일은 드물어요. 병아리의 생명이 위급할 때라면 모를까. 병아리가 제 스스로 알을 깨도록 인내하며 돕는 어미 닭. 병아리에게 제 스스로 세상 밖에 나왔단 뿌듯함과 당당함을 심어주는 어미 닭. 그 어미 닭의 마음이 곧 교육과 발문의 관점입니다.

해서, 발문은 오롯이 '도와주는 것(helping)'이라야 돼요. 그것도 당장 성적이 향상토록 돕는 게 아니라, 자기주도력을 쌓게 돕는 거예요. 공부는 하루 이틀에 끝내는 단기과업이 결코 아니잖아요. 적어도 10년, 20년, 아니 평생의 장기과업이죠. 성적향상을 목적으로 돕는 건 '도와주는 것'이 아니라 '다그치는 것'이에요. 다그칠수록 자녀는 포기해 버려요. 조급하지 마세요. 재촉하지도 마세요. 어미닭의 마음으로 인내하며 자녀가 제 스스로 즐겁게 공부하게 돕는 발문을 해주세요. 그럼, 어떤 상황에서 어

    이렇게 운동해야 성적 오른다

떤 발문을 하면 좋을까요. 먼저, SDL 과정을 이해하셔야 돼요. 그래서 자녀가 그 과정을 순조롭게 이행토록 돕는 발문을 해보세요. SDL 과정을 큰 틀로 보면 다음과 같아요.

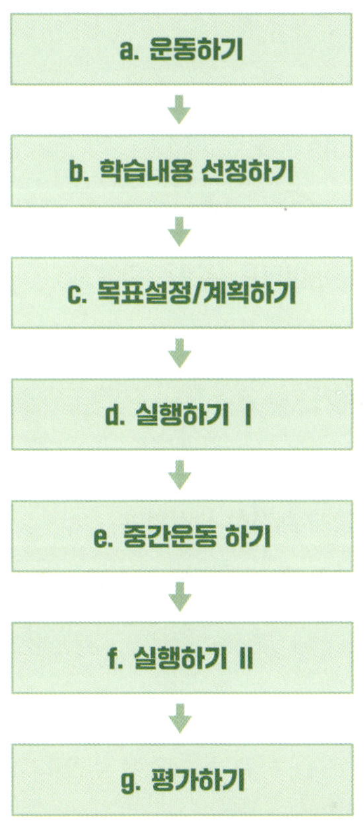

이제, 'SDL 과정에 따른 발문'의 예를 들어볼게요. 참고하시어 상황에 맞게 응용하시면 좋겠네요.

a. 운동하기

- 날씨가 쌀쌀한데 어떤 운동을 하는 게 좋을까?

- 안 다치며 안전하게 운동하려면 어떻게 할까?

- 준비운동은 어떻게 하는 게 적당할까?

b. 학습내용 선정하기

- 오늘 뭘 공부할 거야?

- 오늘 학교(학원)에서 배운(배울) 내용은 뭐야?

- 혼자 공부하기 (쉽거나) 어려운 부분은 뭐야?

c. 목표설정/계획하기

- 어디까지(분량 또는 이해수준에 대해) 이해해야 돼?

- 어려운 부분은 어떻게 해결할 생각이야?

- 이 단원학습에 필요한 준비물은 뭘까?

d. 실행하기 Ⅰ

- 학습자료(교과서/노트/문제집 등)를 비교해 볼 수 있니?

- 이 단원의 목표와 핵심은 뭘까?

- 학습내용은 어떻게 이해(적용/분석)해 정리할 수 있을까?

e. 중간운동 하기

- 10분(혹은 20분) 동안 쉴 때 적당한 운동은 뭘까?

- 공부한 걸 머릿속으로 정리하며 해볼 운동이 있을까?

- 네가 듣고 싶은 음악을 골라 춤출 수 있어?

f. 실행하기 II

※ 실행하기 I 의 발문 예 참고

※ 공부병행 운동에 관한 발문 가능

g. 평가하기

- 오늘 공부한 게 어떡하면 네 것이 될까?

  (문제풀이, 문제 만들기, 설명해 보기, 도식화해 보기 등등의 방법을 스스로 찾도록 발문)

- 오늘 네가 공부한 게 내일 수업과 어떻게 연관돼?

- 오늘 운동하고 공부하며 잘한 점과 고칠 점이 있을까?

이처럼 SDL 과정에 맞춰 발문예시를 적어봤어요. 가정마다 자녀마다 상황과 수준이 다르겠죠. 참고하시어 자연스럽게 활용하시길요. 그런데 다들 아시지만, 재차 발문해야 될 때가 많죠. 다음의 두 가지 이유에서요. 하나는 보충을 위해서죠. 보충용 발문은 힌트제공용이에요. 부모님의 발문을 자녀가 이해하지 못할 때가 있잖아요. 발문의 의도든 학습방법이든 학습내용이든 말이죠. 그때 힌트용 발문을 재차 하시는 거죠. 이를테면, SDL 과정 중 'g. 평가하기' 단계에서 부모님께서 이런 발문을 하셨어요.

오늘 공부한 게 어떡하면 네 것이 될까?

이때 자녀가 머뭇거린다면 다음 2개의 예처럼 힌트를 주실 수 있죠.

네가 선생님처럼 문제를 만들 수 있어?
오늘 공부한 내용을 엄마에게 가르쳐 볼래?

재차 발문의 또 다른 이유는 가지치기(branching off) 또는 걸러내기(filtering)를 위해서죠. 예를 들어, SDL 과정 중 'b. 학습내용 선정하기'와 'c. 목표설정/계획하기'의 단계에서 부모님은 다음 2개 예처럼 발문하셨어요.

혼자 공부하기 (쉽거나) 어려운 부분은 뭐야?
어디까지(분량 또는 이해수준에 대해) 이해해야 돼?

위의 발문들은 자녀의 메타인지력 발휘를 돕는 훌륭한 상호작용이죠. 부모님의 이런 발문에 자녀가 즉각 답변한다면야 걱정할 게 없어요. 그 아이는 메타인지력이 우수한 상태니까요. 그런 자녀는 '내가 뭘 알고 있는가.' 또 '내가 뭘 얼마나 모르는가.' 또 '모르는 건 어떻게 해결할까.' 등을 잘 알고 있는 거죠. 뭘 어찌 공부할지 아는 자녀. 똑같은 시간을 공부해도 분명 더 많

　　　　　　　　이렇게 운동해야 성적 오른다

은 걸 얻을 아이예요. 그저 무턱대고 열공하는 아이는 애쓴 만큼의 소득을 못 얻어요. 공부가 싫증 나고 힘들죠. 해서, 자녀의 메타인지력이 약할 때 가지 치거나 걸러내는 발문을 재차 해보세요. 이렇게요.

오우, 그 방법은 아주 좋아.
하지만 정해놓은 공부시간에 끝낼 수 있을까?

이런 발문은 자녀의 메타인지력 발동을 돕죠. 하여, 자녀는 자신의 능력과 현재 학습조건에 맞춰 공부할 수 있게 돼요(손준구, 2018a). 또 자녀가 뭘 학습할지 모를 땐 "이 단원의 핵심을 알려면 뭘 봐야 할까."란 발문이 유용하겠죠. 물론, 뒤이어 재차 발문하셔도 좋고요. "단원목표는 뭘까." "용어의 정의부터 파악하는 게 좋을까나." 등등이요.

"자기주도학습, 이렇게 해봐요"

지금까지 '운동과 함께 실행하는 SDL'에 대해 알아 보셨어요. 그 내용들과 방법들이 꽤 풍부하죠. 살펴보시느라 애 쓰셨어요. 이제, 여기에선 그 많은 것들을 한눈에 쏘옥 살펴 활용하실 양식을 만들어 봤어요. SDL을 위한 '활동내용과 성취요소'와 '자기평가지'의 예시예요. 자녀의 능력과 상황에 따라 활용해 보세요. 처음부터 잘할 순 없어요. 자기주도력도 근력처럼 길러야 하고, 습관 돼야 잘할 수 있어요.

부록 1.
SDL 과정별 활동내용과 성취요소(예)

과	정	분	활동내용	성취요소
운동하기	준비운동	3	주운동에 맞는 맨손체조	안전, 워밍업
	주운동	30	다양한 행복한 운동	긍정성향 강화
	정리운동	3	스트레칭 체조하며 학습할 내용 떠올리기	학습의 동기/태세 형성
학습내용 선정하기		5	예습/복습/숙제/기타	학습내용 회상/분류 메타인지 발휘
목표설정/계획하기		5	범위/수준/방법 결정	학습의 내용/순서 설정 메타인지 발휘
실행하기(I)		40	계획했던 학습	집중력/통제력 발휘
중간운동 하기		10	상황에 맞는 운동	스트레스 해소 집중력 강화
실행하기(II)		40	계획했던 학습+운동	집중력/통제력 발휘
평가하기		40	출제/설명/평가일지	인출/기억/이해/정리

※ 공부시간을 실행하기 Ⅲ, Ⅳ 등으로 더 추가할 경우 중간운동과 공부병행 운동도 그만큼 추가하시면 됩니다. 자기평가지에도 그 항목을 추가해 주세요.

SDL 자기평가지의 양식과 기록(예)

2025년 5월 9일(금요일)		
했던 일은요?	**√표로 점검해 봐요**	**잘한 점/고칠 점은요?**

			주운동에 맞게 했나요?			동훈이랑 짝 체조했다. 협동심 쑥쑥ㅋ
운동	준비 운동	맨손 체조	잘함	보통	부족	
			√			
	주 운동	공 놀 이	안전하고 즐거웠나요?			배구공으로 배구도 농구도…. 기분 짱이닷~
			잘함	보통	부족	
			√			
	정리 운동	스트 레칭 체조	공부할 결심을 했나요?			앗, 깜박하고 학습할 내용을 미리 떠올리지 못했다ㅠㅠ
			잘함	보통	부족	
				√		

학습내용 선정			무얼 공부할지 알았나요?			예습과 복습 범위를 스스로 결정했다.
			잘함	보통	부족	
			√			

목표설정/계획			어떻게 공부할지 알았나요?			내가 할 수 있는 목표를 정했다(모르는 건 따로 표시했다. 낼 선생님께 질문하겠다).
			잘함	보통	부족	
			√			

공부1		국어숙제: 위인소개서 쓰기	계획대로 공부했나요?			세종대왕의 업적을 이력서처럼 써봤다. 난 창의 짱이닷~^^;
			잘함	보통	부족	
			√			

중간 운동		창의적 투호	집중력을 길렀나요?			세종대왕께서 하셨던 투호를 해봤다. 휴지통에 자 던져 넣기ㅋ
			잘함	보통	부족	
			√			

공부2 (+운동)		수학복습: 분수의 나눗셈	집중해 공부했나요?			잠이 와서 종아리운동 하며 계산했다. 정신이 번쩍, 어랏, 집중이 잘돼요~
			잘함	보통	부족	
			√			

평가			학습내용을 기억/이해하나요?			수학: 문제 만들기→공식 쏙쏙 국어: 부모님께 옛날이야기→술술
			잘함	보통	부족	
			√			

선생님의 도움 말씀은요?	"스스로 공부하는 능력도 체력처럼 매일매일 기르는 거야."
부모님의 도움 말씀은요?	"공부계획은 공부시간이 아니라, 이해수준을 기준으로 삼아야 해." - 넹, 잘 알고 있거든요(저, 아가야 아녜용ㅋ) -

에필로그

EPILOGUE

사진출처: stockcake(2024)

"자연은 행복 주는 부모 품이고, 치유하는 병원이며, 지혜 주는 학교"

정약용 선생 걷던 터에서 생기는 일

　　나직나직 은빛 강물. 아롱아롱 물안개. 살랑살랑 강바람. 한들한들 수양버들. 어머니 품속처럼 제 맘을 도닥이는 곳. 정약용 선생 생가 앞 강가에 나왔습니다. 제가 글을 쓸 때면 버릇처럼 들르는 곳이에요. 다산께서도 이 강변 따라 유유자적 걷고 쉬며 챙긴 마음으로 글을 쓰셨을 테죠. 여기선 좋은 글감 떠올리려 머릴 쥐어짤 필요 없어요. 천천히 걷다 걸터앉아 멍때리면 족해요. 그럼, 머릿속 생각들이 되레 비워지나 싶다가 시나브로 좋은 생각들이 새록새록(•‿•)´-. 역시 자연 속 운동의 신비로운 '좋은 기운' 덕일 테죠.

　　강물도 구름도 세월도 덧없이 흘러가요. 교과교육학자로, 교원양성대학 교수로 보낸 세월이 어느새 수십 년이에요. 그 적잖은 나날에 저는 애오라지 전인교육을 맘에 품었어요. '몸공부', '마음공부', 그리고 '머리공부'라는 3육. 이 책 프롤로그에서 그걸 '체인지교육(體人智敎育)'이라 말씀드렸죠. 네, 월드비전과 함께 마음 다친 아이들을 10여 년간 돌봐왔던 그 교육이요. 체인지

교육은 이 땅 아이들을 불행에 빠트린 학교교육을 '확 바꿔야 한다.'는 뜻이기도 해요. 해서, 영어로 '체인지(change)'이기도 해요. 이 책은 얼핏 성적제일주의를 부추기는 걸로 비춰질 수 있어요. 그러나 책을 쭈욱 읽으신 분은 아실 테죠. 책의 곳곳엔 전인교육 이념이 깔려 있단 걸요. 책에서 강조해 온 운동은 당연히 '체'이고, 공부마음은 '인'이며, 공부머리는 '지'에 속해요. 그 '체인지'가 서로 연관돼 '좋은 기운'을 일으킬 때 학교성적도 올라요. 건강한 신체와 건전한 마음일 때 공부도 잘한단 얘기죠. 성경말씀이기도, 홀리스틱(holistic) 관점이기도, 옛 성현들의 가르침이기도 해요.

수십 년 켜켜이 쌓인 다짐

전인교육 애길 하다 보니 수십 년 전 옛일이 슬그머니 떠올라요. 교육대학원생 시절 정부의 중앙교육연구원장을 지내신 은사님이 계셨어요. 그분께선 교수–학습론 강의 때 수강생들에게 이런 발문을 하셨어요.

구호로만 외치는 전인교육을 교사로서 실현할 방안은 뭔가.

　　　그때 혈기 왕성했던 저는 머뭇거리는 수강생들 보란 듯 이렇게 대답했죠.

　　　네, 루소(Rousseau, J.)에 따르면 그동안 하찮게만 여겨온 신체활동은 도덕성과 인지력 계발효과가 매우 큽니다. 따라서 저는 신체활동을 통해 그의 '지덕체' 이념을 실현할 겁니다.

　　　당시 루소의 교육사상에 푸욱 빠져 있던 저는 당차게 답변했고, 수강생들의 갈채가 쏟아졌죠. 물론, 교수님께서도 칭찬하셨지만 재차 발문을 던지셨죠.

　　　루소가 말한 신체활동의 그 가치를 증명해 볼 수 있는가.

　　　루소의 철학에 나타난 그 효과를 과학으로 검증하면 그 실현가능성이 더 커질 테니 발문 겸 주문 겸 던지신 거죠. 당시 국내외 관련연구들이 워낙 드물었고 저 역시 많이 부족하던 터라 제 답변은 시원찮았죠. 사실, 저 또한 '운동하면 정말 똑똑해지는가.' 그리고 '그걸 어찌 검증해 낼까.' 또 '어떤 운동을 어떡해야 좋을까.' 뭐, 이런 학문적 갈증이 심했던 때였어요. 해서, 대학 시절 수강했던 운동생리학, 해부학 등의 의학교재들을 다시 펴보기 시작했죠. 스포츠 처방 및 의학, 심리학, 장애아동교육학 등을 수강도, 청강도 했고요.

황수관 박사님과의 깊은 인연도 그때 시작됐어요. 고인이 되신 신바람 황 박사님을 국민스타강사로 기억하는 분들이 아직 많아요. 그분은 동문 선배였고, 교과서 집필멤버였어요. 그는 그 특유의 톤과 사투리로 제게 말씀하셨죠.

손 박사야, 교육학은 운동생리랑 심리, 이런 기 깔려야 먹히는 기라요. 당신은 신체기반 교육학을 하니까네, '팍팍팍' 더 파고 드가라카이ᖰ(°ㅂ°)ᖳ.

1990년대 초반 일본 츠쿠바대학 연수도 제 학문적 목마름을 덜어줬어요. 그때 ADHD 운동요법을 참관했어요. 당시 국내에선 ADHD란 용어 자체도 생소하던 때였는데…. 그 후 그 대학박사 출신 원장님께서 운영하시는 국제장애아동 클리닉과 인연이 됐어요. 전 그곳에서 두 학기 동안 수강과 참관을 하며 운동의 놀라운 힘을 다시금 느꼈죠. 특히, ADHD와 뇌성마비 등 뇌질환 아동을 위한 운동의 신비로운 효과를요.

당신 자녀는 공부 잘하나

오랜 세월 운동의 '공부머리효과'를 특강했더니 가끔 이런 질문을 받기도 해요.

혹시, 자제분은 뭘 하시는지 여쭤봐도….
교수님의 개인적 사례가 궁금해요.

재미있기도 솔직하기도 한 질문이죠. "그래서 당신이나 당신 애들은 공부를 얼마나 잘했는지 말해보라."고 느껴져서요(^ㅁ^). 전 그때마다 웃으며 "저도 제 자식도 아주 큰 효과를 봤죠.”라며 어물쩍 넘기곤 했어요. 하여, 여기에서나마 좀 더 충실히 답변 올리고 싶네요. 제겐 무남독녀 외동딸이 있습니다. 금지옥엽이죠. 전 그 딸애에게 지금껏 “공부해라.”는 얘길 해본 적이 없어요. 네, 결코 1도요. 한데도 나름 잘 성장했죠. 당시 어느 부모님이라도 부러워하셨던 특목고에 나 보란 듯 입학했어요. 외고에요. 대학성적도 딱 한 과목 빼곤 모두 A학점이었죠. 공공기관인 국제교류재단에 정규직으로 입사했고요. 모든 걸 개 스스로 척척 해냈어요. 저로선 대견하고 고맙죠. 이쯤 되면 ‘아, 역시 고액학원의 힘.’이라고 생각하실 텐데 아닙니다. 딸애는 학원엘 거의 안 다녔어요. 종합반이나 특목고대비반, 이런 거는 결코요. 다만, 저는 딸애가 습관적으로 운동하도록 권했어요. 잔소리할 필요가 없었죠. 평소 딸애 스스로 걷는 걸 즐겼으니까요. 음악을 들으면서요. 또 공부 전과 휴식 중엔 줄넘기도 꾸준히 했죠. 살 뺄 겸 키 클 겸 해서요. 운동효과를 톡톡히 봤던 일화도 있군요. 딸애가 고1 겨울에 토익시험을 볼 때였어요. 그날은 지각할세라 허겁지겁 뛰어갔대요. 유산소운동으로 각성효과가 생겼던 걸까요. 그날 토익 만점을 받았더라고요. 딸애가 지금껏 뜻한 바를 이룬 건 분명 스스로 열공한 덕이죠. 하지만, 운동이 제 스스로 공부할 긍정성향과 체력을 길러줬어요. 적어도 운동 덕에 딸애가 노력한 만큼 좋은 성적을 거뒀다 확신해요. 노력한 만큼 거두지 못하는 경우도 허다하잖아요. 아, 제 경우엔 논문이나 칼럼을 쓸 땐 걷거나 자전거 타며 발상도, 정리도 해요. 벌써 40년 넘은 오랜 습관이죠. 저 역시 운동효과를 체험한 사례라 할 수 있죠. 답변이 됐을까요(^◇^;)>.

헬조선을 해피코리아로

　　　　저만치서 '까르르르' 해맑은 웃음이 강바람 타고 와 제 맘에 스미네요. 강터에서 이리저리 뛰노는 유치원생들. 덕분에 저도 맑디맑은 행복기운을 한껏 느껴봅니다. 저 애들이 더도 덜도 말고 저리 행복하게 자라길 빌어요. 걱정하시듯이, 이 땅 아이들은 불행해요. 어제오늘의 얘기가 아니죠. 행복지수가 매년 세계 바닥이잖아요. 성적은 늘 우수해요. 국제대회마다 최상위권이니까. 이를테면, 국제학업성취도평가(Programme for International Student Assessment: PISA)만 봐도 그래요. 코로나19 이후 많은 나라 아이들의 학업성취도는 예전보다 낮아졌어요. 몇 년을 휴교했으니 당연하죠. 그런데도 한국 아이들의 성적은 그 팬데믹 이전보다 되레 더 올랐어요. 참 기특해요. 하지만 그만큼 안쓰럽죠. 애들이 과도한 학습량에 또 얼마나 시달렸을까요. 맘이 짠해요.

우리 애들이 불행한 이유를 모르는 부모님이 계실까요. 숨 가쁘리만치 과도한 학습량, 그 스트레스, 신체활동부족, 체력과 면역의 저하, 잦은 질병들. 또 무한경쟁교육, 인성교육 실종, 학교폭력 문제까지. 아이들은 어디에서 맘껏 숨 쉬고 웃을 수 있나요. 그런 자녈 바라보는 부모님께서도 답답하고 힘겹죠. 다들 그저 "이게 아닌데, 이게 아닌데…." 할 뿐이죠. 하지만 "옆집들도 다 그러니까."라며 불편한 그 길로 함께 가고 있어요.

애들은 늘 깔깔 웃어야 돼요. 신나게 뛰놀아야 돼요. 구김 없이 밝게 커야 돼요. 그게 애들의 올바른 발달과업이잖아요. 그 과업을 이뤄내야 심신이 건강한 성인이 되잖아요. 뭣보다 학습량부터 확 줄여야 돼요. 지금 학습량은 버티기 힘들 만큼 과중해요. 1톤짜리 소형짐차에 3톤, 5톤 짐을 싣고 주행할 수 있나요. 아슬아슬 출발했어도 코너링하거나 강풍 불면 뒤집혀요. 눈에 안 보이는 엔진은 진작 망가지기 시작했을 테죠. 지금 자녀가 무기력한가요. 아픈가요. 짜증 부리나요. 그 애는 심신이 곯아가는 중이에요. 그 과적차량처럼 언제 뒤집힐지 몰라요. 부모님의 배려가 절실한 때예요.

이 책은 그 아이들과 그 부모님들께 조금이나마 도울 마음에 썼어요. 프롤로그에서 보셨듯이, '애들이 맘껏 뛰놀면서도 공부도 잘하면 좋겠다.'는 그 학조부모님의 마음과 똑같아요. 하여, '이운성'은 다음의 '3즐'이 목표예요.

첫째, '즐거운 공부'예요. 자녀들은 운동 덕에 공부머리와 공부마음이 생겨요. 그럼, 짧게 학습해도 쑥쑥 성적이 올라요. 이러니 공부가 즐겁고 보람찬 활동이 되는 거죠.

둘째, '즐기는 운동'이에요. 자녀들은 행복호르몬이 팍팍 분비되는 쉽고 재밌는 운동을 맘껏 즐기는 거예요. 이러니 운동이 즐겁고 몸과 마음이 건강해지는 거죠.

셋째, '즐거운 가정'이에요. 자녀들이 짜증 내지 않고 스스로 공부하며 밝고 건강하게 자라는 거예요. 이러니 즐겁고 행복한 가정이 될 수밖에요.

결국, '3즐'도 프롤로그에서 말씀드렸던 '나와 내 가족, 그리고 이웃이 모두 즐거워지는 활동'과 결이 같아요. 이는 당연히 행운이고, 좋은 기운입니다. 이 좋은 기운이 이 땅에 충만하길 간절히 빌어요. 해서, 말하기도 듣기도 섬뜩한 '헬조선'이 '해피코리아'로 거듭나면 참 좋겠습니다. 부족한 글, 읽어주셔서 고맙습니다. 직접 뵙고 인사 올리고 싶은 마음 굴뚝같네요. 언젠가 그럴 날이 오겠죠. 그때까지 건강, 행복하세요<(_ _*)>.

이 책이 나오기까지 출판과 홍보에 깊은 애정으로 돌봐주신 김병호 대표님, 김재영 매니저님, 김민지 디자이너님을 비롯한 바른북스 직원 여러분에 대한 고마움을 여기에 새깁니다.

고맙고 소중하게 참고한 문헌들
Thankful and Valuable References

교육부(2023). 2022년 학생 건강검사 표본통계.

김부식(2017). 삼국사기 신라본기. 서울: 명진.

김영선(2023). 태권도 정신으로서 '세상을 이롭게 한다'란 홍익인간 이념: 수용론과 비판론을 중심으로. 국기원 태권도연구, 14(1). 1-11.

世宗實錄 卷72(世宗 18年).

손준구(2001). 방과후 조직적 체육활동의 초등학생 집단따돌림(왕따) 감소효과 분석. 정부(NRF) 신진교수 지원연구공모과제.

손준구(2004). UNCG의 Project-Effort 스포츠교육 프로그램: 그 두 학기 동안의 기록. 한국체육교육학회지, 9(3). 17-35.

손준구(2010). 홀리스틱 전인 의미를 통한 체인지교육의 관점 논의. 홀리스틱융합교육연구, 제14권 제3호. 35-49.

손준구 외(2010). 교과교육에서 창의성의 이론과 실제. 서울: 학지사.

손준구(2011). 우리가족 운동으로 통한다. 서울: 푸른 사상.

손준구(2017). 신체를 통한 교육(Education through the physical). 부산: 교문사.

손준구(2018a). 운동하며 창의성? 어떻게 기르자. 정부(NRF) 중견교수 다년간 지원연구공모과제.

손준구(2018b). 초등학교 체육수업에서 자기주도 학습의 가능성 탐색. 한국초등체육학회지, 23(4). 115-127.

손준구(2018c). 5월에 딱 좋은 체인지 교육. 국제신문: 스포츠에세이, 2018년 5월 17일.

손준구(2023). 체인지 교육으로 바뀐 아이들을 보며. 한국교육신문, 2023년 7월 10일.

손준구(2024a). 운동하면 학교성적이 오르는 다섯 가지 이유. 조선일보, 2024년 8월 6일.

손준구(2024b). 성경의 눈으로 본 운동과 공부. 국민일보: 더 미션, 2024년 8월 12일.

신명희(2019). 태권도의 강함과 부드러움: 도가사상을 중심으로. 인격교육학회지, 13(3). 43-57.

栗谷全書(1814). ý學校模範(卷15:雜著).

李滉(1550). 活人心方(木版本).

莊子(BC. 290年頃). 外篇 第15篇(刻意).

전병술, & 노영선(2012). 전통사상의 구현관점에서 바라본 태권도정신. 한국문화연구, 22. 119-141.

丁若鏞(1815). 心經密驗(이광호 외 역, 2016). 서울: 사암.

丁若鏞(1818). 牧民心書 7篇: 禮典篇(興學).

正祖實錄 券46(正祖 21年).

許浚(1610). 東醫寶鑑: 內景篇

Aadland, K. Aadland, E., Moe, V., & Anderssen, S. (2017). Relationships between physical activity, sedentary time, aerobic fitness, motor skills and executive function and academic performance in children. Ment. Health Phys. Act. 12, 10-18.

Ackerman, D. (2019). The Montessori preschool landscape in the United States: History, programmatic inputs, availability, and effects. ETS Research Report Series, 2019, 1-20.

Adams, J. (2021a). The Biblical Perspective on the Mind/Body Problem, Part One. Institute for Nouthetic Studies, Categories: Essays, Nov. 23, 2021.

Adams, J. (2021b). The Biblical Perspective on the Mind/Body Problem, Part Two. Institute for Nouthetic Studies, Categories: Essays, Dec. 11, 2021.

Ahamed, Y., Macdonald, H., Reed, K., Naylor, P., Liu-Ambrose, T., & McKay, H. (2007). School-based physical activity does not compromise children's academic performance. Med. Sci. Sports Exerc. 2007, 39, 371-376.

Alex, M. (2018). Physical Activity Guidelines for Americans(2nd edition). Washington, DC: U.S. Department of Health and Human Services.

Alghadir, A., Gabr, S., & Iqbal1, Z. (2020). Effect of Gender, Physical Activity and Stress-Related Hormones on Adolescent's Academic Achievements. International Journal of Environmental Research and Public Health. 17(11): 4143. Published online 2020 Jun 10.

Altenburg, T., Chinapaw, M., & Singh, A. (2016). Effects of one versus two bouts of moderate intensity physical activity on selective attention during a school morning in Dutch primary schoolchildren: A randomized controlled trial. Journal of Science and Medicine in Sport, 19, 820-824.

Álvarez-Bueno, C., Pesce, C., Cavero-Redondo, I., Sánchez-López, M., Martínez-Hortelano, J., & Martínez-Vizcaíno, M. (2017). The Effect of Physical Activity Interventions on Children's Cognition and Metacognition: A Systematic Review and Meta-Analysis. Journal of the American Academy of Child & Adolescent Psychiatry, 56(9), 729-738.

Anderson D., Bell T., & Awh, E. (2012). Polymorphisms in the 5-HTTLPR gene mediate storage capacity of visual working memory. J. Cogn. Neurosci., 24, 1069–1076.

Artemenko, C., Wortha, S., Dresler, T., Frey, M., Barrocas, R., Nuerk, H., & Moeller, K. (2022). Finger-Based Numerical Training Increases Sensorimotor Activation for Arithmetic in Children—An fNIRS Study. Brain Sci. 2022, 12(5), 637; https://doi.org/10.3390/brainsci12050637.

Bai, S., Pan, Z., & Teng, H. (2020). An empirical study of the impact of exercise on academic performance in Middle school students. China Sport Sci. 40, 64–72.

Baills, F., & Prieto, P. (2023). Embodying rhythmic properties of a foreign language through hand-clapping helps children to better pronounce words. Language Teaching Research, 27(6), https://doi.org/10.1177/1362168820986716.

Ballmann, C. (2021). The Influence of Music Preference on Exercise Responses and Performance: A Review. Journal of Functional Morphology and Kinesiology, 33; https://doi.org/10.3390/jfmk6020033.

Barish, K. (2024). Are Our Children Overpraised?: A guide to raising children with confidence and resilience. Child Mind Institute Article, Jan. 30, 2024.

Barros, R., Silver, E., & Stein, R. (2009). School recess and group classroom behavior. Pediatrics. 123(2):431–436.

Basch, C. (2011). Healthier students are better learners: a missing link in school reforms to close the achievement gap. Journal of School Health. 81, 593-598.

Bass, R., Brown, D., Laurson, K., & Coleman, M. (2013). Physical fitness and academic performance in middle school students. Acta Paediatrica, 102, 832–837.

Basso, J., & Suzuki, W. (2017). The Effects of Acute Exercise on Mood, Cognition, Neurophysiology, and Neurochemical Pathways: A Review. Brain Plast., 2(2): 127–152.

Best, J., Miller, P., & Naglieri, J. (2011). Relations between executive function and academic achievement from ages 5 to 17 in a large, representative national sample. Learn. Individ. Differ., 21, 327–336.

Bhishagratna, K. (1963). An English translation of The Sushruta Samhita. Varanasi: Chowkhamba Sanskrit Series Office.

Biddle, S., Ciaccioni, S., Thomas, G., & Vergeer, I. (2019). Physical activity and mental health in children and adolescents: an updated review of reviews and an analysis of causality. Psychol. Sport Exerc., 42, 146–155.

Bisbe M., López E., Moreno M., Naya M., Benetti C., Milà R., Bruna O., Boada M., & Alegret M. (2020). Comparative cognitive effects of choreographed exercise and multimodal physical therapy in older adults with amnestic mild cognitive impairment: Randomized clinical trial. Journal of Alzheimer's Disease, 73, 769-783.

Boecker, H., Sprenger, T., Spilker, M., Henriksen, G., Koppenhoefer, M., Wagner, K., Valet, M., Berthele, A., & Tolle, T. (2008). The runner's high: opioidergic mechanisms in the human brain. Cereb Cortex., 18(11), 2523–2531.

Bonshor, M. (2023). Happy songs: these are the musical elements that make us feel good. The Conversation News letter, Mar. 30, 2023.

Boonk, L., Gijselaers, H., Ritzen, H., & Brand-Gruwel, S. (2018). A review of the relationship between parental involvement indicators and academic achievement. Educational Research Review, 24, 10-30.

Borg J., Henningsson S., Saijo T., Inoue M., Bah J., Westberg L., Lundberg J., Jovanovic H., Andree B., Nordstrom A., Halldin, C., Eriksson, E., & Farde, L. (2009). Serotonin transporter genotype is associated with cognitive performance but not regional 5-HT1A receptor binding in humans. Int. J. Neuropsychopharmacol., 12, 783–792.

Bowers, B., Flory, R., Ametepe, J., Staley, L., Patrick, A., & Carrington, H. (2018). Controlled trial evaluation of exposure duration to negative air ions for the treatment of seasonal affective disorder. Psychiatry Research, 259, 7-14.

Brooks, R. (2024). The Pygmalion Effect: A Story of Rats, Children, and Others. Dr. Brooks' Monthly Articles, Feb. 22, 2024.

Brummelman, E., Thomaes, S., Overbeek, G., Castro, B., Hout, M., and Bushman, B. (2014). On feeding those hungry for praise: person praise backfires in children with low self-esteem. J. Exp. Psychol., 143, 9–14.

Buchecker, M., & Degenhardt, B. (2015). The effects of urban inhabitants' nearby outdoor recreation on their well-being and their psychological resilience. Journal of Outdoor Recreation and Tourism, 10, 55-62.

Bull, R., Espy, K., & Wiebe S. (2008). Short-term memory, working memory, and executive functioning in preschoolers: longitudinal predictors of mathematical achievement at age 7 years. Dev. Neuropsychol., 33 205–228.

Candy, P. (1991). Self-direction for Lifelong Learning: A Comprehensive Guide to Theory and Practice, Jossey-Bass, San Francisco, CA, USA.

Castells-Sánchez, A., Roig-Coll, F., Dacosta-Aguayo, R., Lamonja-Vicente, N., Sawicka, A. K., Torán-Monserrat, P., Pera, G., Montero-Alía, P., Heras-Tebar, A., Domènech, S., Via, M., Erickson, K. I., & Mataró, M. (2021). Exercise and fitness neuroprotective effects: Molecular, brain Vol. and psychological correlates and their mediating role in healthy late-middle-aged women and men. Frontiers in Aging Neuroscience, 13, Article 615247.

Castells-Sánchez, A., Roig-Coll, F., Dacosta-Aguayo, R., Lamonja-Vicente, N., Torán-Monserrat, P., Pera, G., García-Molina, A., Tormos, J. M., Montero-Alía, P., Heras-Tébar, A., Soriano-Raya, J. J., Cáceres, C., Domènech, S., Via, M., Erickson, K. I., & Mataró, M. (2022). Molecular and brain Vol. changes following aerobic exercise, cognitive and combined training in physically inactive healthy late-middle-aged adults: The projecte moviment randomized controlled trial. Frontiers in Human Neuroscience, 16, Article 854175.

CDC (2018). Strategies for Classroom Physical Activity in Schools. Nov. 2018.

CDC (2021). Comprehensive School Physical Activity Programs (CSPAP): A Guide For Schools E-Learning Module. Nov. 9, 2021.

CDC (2022). Classroom Physical Activity. Jul. 27, 2022

Çelik, I., & Sarıçam, H.(2018). The Relationships between Positive Thinking Skills, Academic Locus of Control and Grit in Adolescents. Universal Journal of Educational Research, 6(3), 392-398,

Chang, Y., Labban, J., & Gapin, J. & Etnier, J. (2012). The effects of acute exercise on cognitive performance: A meta-analysis. Brain Research, 1453, 87–101.

Charles, S. (2024). 5 Mental Benefits of Exercise. Walden University Newsletter, Mar. 2, 2024.

Chen, C., & Ringenbach, S. (2016). Dose-response relationship between intensity of exercise and cognitive performance in individuals with Down syndrome: A preliminary study. J Intellect Disabil Res., 60(6), 606–614.

Chui, R., & Chan, C. (2020). Positive Thinking, School Adjustment and Psychological Well-being among Chinese College Students. Open Psychology Journal, 13, 151-159.

Cleveland Clinic (2024). Fine Motor Skills. Health Library Articles, Apr. 10, 2024.

Cohen, A., Rai M, Rehkopf, D., & Abrams, B. (2013). Educational attainment and obesity: a systematic review. Obes Rev. 14(12), 989–1005.

Cohn, M. (2024). Can coordination exercises improve brain function? Share care data, May 4, 2024.

Collier, C. (2024). Each Child a Genius: A Survey of Self-Directed Learning. Institute for Self Directed Learning, SDL Educational resource, Jul. 18, 2024.

Cooper, S., Bandelow, S., Nute, M., Dring, K., Stannard, R., Morris, J., & Nevill, M. (2016). Sprint-based exercise and cognitive function in adolescents. Preventive Medicine Reports, 4, 155–161.

Coppin, G., Nolan-Poupart, S., Jones-Gotman, M., & Small, D. (2014). Working memory and reward association learning impairments in obesity. Neuropsychologia, 65, 146–155.

Corradino, C., & Fogarty, K. (2024). Positive emotions and acdemic achievement. Online Publication of Undergraduate Studies in New York University's Applied Psychology. Apr. 5, 2024.

Csikszentmihalyi, M. (1997). Finding flow: The psychology of engagement with everyday life. NY: Basic Books.

Daley, A., & Ryan, J. (2000). Academic performance and participation in physical activity by secondary school adolescents. Percept. Mot. Ski., 91, 531–534.

Davis C., Tomporowski P., McDowell J., Austin B., Miller P., Yanasak N., Allison J., & Naglieri J. (2011). Exercise improves executive function and achievement and alters brain activation in overweight children: A randomized, controlled trial. Health Psychol., 30(91), doi: 10.1037/a0021766.

Davis, P., Halvarsson, A., Lundström, W., & Lundqvist, C. (2019). Alpine ski coaches' and athletes' perceptions of factors influencing adaptation to stress in the classroom and on the slopes. Front. Psychol. 10:1641. doi: 10.3389/fpsyg.2019.01641.

Davis, T. (2024). The Hormones That Boost Happiness. Psychology Today, Jan. 4, 2024.

Dehnad, A., Afsharian, F., Hosseini, F., Arabshahi, S., & Bigdeli, S. (2014). "Pursuing a definition of self-directed learning in literature from 2000-2012," Procedia-Social and Behavioral Sciences, 116, pp. 5184–5187, 2014.

Delezie, J., Weihrauch, M., Maier, G., & Handschin, C. (2019). BDNF is a mediator of glycolytic fiber-type specification in mouse skeletal muscle. Biological Sciences, 116(32), 16111-16120.

Dewar, G. (2024). The effects of praise on kids: 10 Evidence-based tips for better outcomes. Parenting Science, Apr. 25, 2024.

Diamond, A., & Lee A. (2011). Intervention shown to aid executive function development in children 4-12 years old. Science, 333, 959-964.

Diamond, A. (2015a). Effects of Physical Exercise on Executive Functions: Going beyond Simply Moving to Moving with Thought. Annals of Sports Medicine and Research, 2, 1011-1015.

Diamond, A. (2015b). The cognitive benefits of exercise in youth. Curr Sports Med Rep., 14, 320-326.

Diamond, A., Ling, D. (2016). Conclusions about interventions, programs, and approaches for improving executive functions that appear justified and those that, despite much hype, do not. Dev Cogn Neurosci., 18, 34-48.

Dietrich, A., & Audiffren, M. (2011). The reticular-activating hypofrontality(RAH) model of acute exercise. Neurosci. Biobehav. Rev., 35, 1305–1325.

Digital Bible (2024). Understanding Body, Soul, and Spirit Through Biblical Insight: Modern Topics, May 31, 2024.

Dong, Y., & Zhu, C. (2020). A study on the influence of extra-curricular sports on academic performance of teenagers: on the mediating effect of non-cognitive ability. J. Sports Res., 34, 52–62.

Donnelly, J., Greene, J., Gibson, C., Smith, B., Washburn, R., Sullivan, D., DuBose, K., Mayo, M., Schmelzle, K., & Ryan J. (2009). Physical Activity Across the Curriculum(PAAC): A randomized controlled trial to promote physical activity and diminish overweight and obesity in elementary school children. Preventive Medicine, 49(4), 336–341.

Donnelly, J. (2017). The Relationship Between Physical Fitness and School Performance. Journal of Social, Behavioral, and Health Sciences, 11(1), 231–244.

Donnelly, J., Hillman, C., Castelli, D., Etnier, J., Lee, S., Tomporowski, P., Lambourne, K., & Szabo-Reed, A. (2016). Physical activity, fitness, cognitive function, and academic achievement in children: a systematic review. Med Sci Sports Exerc., 48, 1197-1222.

Donnelly, J., Lambourne, K. (2011). Classroom-based physical activity, cognition, and academic achievement. Prev Med., 52, S36-S42.

Duan, Y., Vandelanotte, C., Liang, W., Yang, M., & Baker, J. (2022). Effects of In-Classroom Physical Activity Breaks on Children's Academic Performance, Cognition, Health Behaviours and Health Outcomes: A Systematic Review and Meta-Analysis of Randomised Controlled Trials. Int J Environ Res Public Health, 19(15): Published online 2022 Aug 2. doi: 10.3390/ijerph19159479.

Edwards, J., Mauch, L., & Winkleman, M. (2011). Relationship of nutrition and physical activity behaviors and fitness measures to academic performance for sixth graders in a Midwest city school district. Journal of School Health, 81, 65–73.

Efklides, A., Schwartz, B. L., & Brown, V. (2018). Motivation and affect in self-regulated learning: Does metacognition play a role? In D. H. Schunk & J. A. Greene (Eds.), Handbook of self-regulation of learning and performance (2nd ed., pp. 64–82).

Ellemberg, D. & St-Louis-Deschênes, M. (2010). The effect of acute physical exercise on cognitive function during development. Psychology of Sport and Exercise, 11(2), 122–126.

Erickson, H. (2019). Childhood obesity often affects academic performance: now we may know why. SOUTHERN ILLINOIS UNIVERSITY Newspaper, March 26, 2019.

Erickson, K., Leckie, R., & Weinstein, A. (2014). Physical activity, fitness, and gray matter volume. Neurobiol., 35, S20–S28.

Estrada-Tenorio, S., Julián, J., Aibar, A., Martín-Albo, J., & Zaragoza, J. (2020). Academic Achievement and Physical Activity: The Ideal Relationship to Promote a Healthier Lifestyle in Adolescents. Journal of Physical Activity and Health, 17, 525-532.

Eveland-Sayers, B., Farley, R., Fuller, D., Morgan, D., & Caputo, J. (2009). Physical fitness and academic achievement in elementary school children. Journal of Physical Activity and Health, 6(1), 99-104.

Faught E., Gleddie, D., Storey, K., Davison, C., & Veugelers, P. (2017). Healthy lifestyle behaviours are positively and independently associated with academic achievement: an analysis of self-reported data from a nationally representative sample of Canadian early adolescents. PLoS One. 2017;12(7):e0181938.

Fedewa, A., Fettrow, E., Erwin, H., Ahn, S., & Farook, M. (2018). Academic-Based and Aerobic-Only Movement Breaks: Are There Differential Effects on Physical Activity and Achievement? Research Quarterly for Exercise and Sport, 89(2), 153-163.

Fernández-Rodríguez, R., Álvarez-Bueno, C., Martínez-Ortega, I., Martínez-Vizcaíno, V., Eumann-Mesas, A., & Notario-Pacheco, B. (2022). Immediate effect of high-intensity exercise on brain-derived neurotrophic factor in healthy young adults: A systematic review and meta-analysis. Journal of Sport and Health Science, 11(3), 367-375.

Fiedler, K., & Beier, S. (2014). Affect and cognitive processes in educational contexts. In R. Pekrun & L. Linnenbrink-Garcia (Eds.), International handbook of emotions in education (pp. 36–55). Routledge/Taylor & Francis Group.

Firth, J., Stubbs, B., Vancampfort, D., Schuch, F., Lagopoulos, J., Rosenbaum, S., Ward, P. (2018). Effect of aerobic exercise on hippocampal volume in humans: a systematic review and meta-analysis. Neuroimage, 166, 230–238.

Fiscella, A., & Andel, R. (2024). The Association Between Physical Activity, Obesity, and Cognition in Middle-Aged and Older Adults. Journal of Aging and Physical Activity, 32(3), 397–407.

Fischer, U., Suggate, S., Stoeger, H. (2022). Fine motor skills and finger gnosia contribute to preschool children's numerical competencies. Acta Psychologica, https://doi.org/10.1016/j.actpsy.2022.103576

Fitzpatrick, S., Gilbert, S., & Serpell, L. (2013). Systematic review: are overweight and obese individuals impaired on behavioural tasks of executive functioning? Neuropsychol. Rev. 23, 138–156.

Flavell, J. (1979). Metacognition and cognitive monitoring: A new area of cognitive–developmental inquiry. American Psychologist, 34(10), 906–911.

Francis, H., & Stevenson, R. (2011). Higher reported saturated fat and refined sugar intake is associated with reduced hippocampal-dependent memory and sensitivity to interceptive signals. Behav. Neurosci. 125, 943–955.

Freitas, D., Rocha-Vieira, E., Soares, B., Nonato, L., Fonseca, S., Martins, J., Lacerda, A., Massensini, A., Poortamns, J., Meeusen, R., Leite, H., & Mendonça, V. (2018). High intensity interval training modulates hippocampal oxidative stress, BDNF and inflammatory mediators in rats. Physiology & Behavior, 184, 6–11.

Frenzel, A. C., Becker-Kurz, B., Pekrun, R., Goetz, T., & Lüdtke, O. (2018). Emotion transmission in the classroom revisited: A reciprocal effects model of teacher and student enjoyment. Journal of Educational Psychology, 110(5), 628–639.

Froiland, J. M., Peterson, A., & Davison, M. L. (2013). The long-term effects of early parent involvement and parent expectation in the USA. School Psychology International, 34, 33–50.

Gable, P., & Harmon-Jones, E. (2010). The blues broaden, but the nasty narrows attentional consequences of negative affects low and high in motivational intensity. Psychological Science, 55(1), 10-16.

Gascon M., Zijlema W., Vert C., White M., & Nieuwenhuijsen M. (2017). Outdoor blue spaces, human health and well-being: A systematic review of quantitative studies. Int. J. Hyg. Environ. Health., 220, 1207–1221.

Gebauer, L., Witek, M., Hansen, C., & Thomas, J. (2016). Oxytocin Improves Synchronization in Leader-Follower Interaction. Scientific Reports 6(38416), DOI:10.1038/srep38416.

German Center for Neurodegenerative Diseases (2022). Even Moderate Exercise Can Greatly Increase Brain Size: Health News In SciTechDaily, Oct. 4, 2022.

Getlinger M., Laughlin V, Bell E, Akre C, Arjmandi, B. (1996). Food waste is reduced when elementary-school children have recess before lunch. Journal of the American Dietetic Association, 96(9), 906-908.

Grilli, G., & Sacchelli, S. (2020). Health Benefits Derived from Forest: A Review.Int J Environ Res Public Health, 17(17): 6125. Published online 2020 Aug 23. doi: 10.3390/ijerph17176125.

Gibbons, T., Cotter, J., Ainslie, P., Abraham, W., Mockett, B., Campbell, H., Jones, E., Jenkins, E., & Thomas, K. (2023). Fasting for 20 h does not affect exercise-induced increases in circulating BDNF in humans. The Physiological Society: Special Issue:Metabolic approaches to slow ageing and extend healthspan, 601(11), 2121-2137.

Godman, H. (2014). Regular exercise changes the brain to improve memory, thinking skills. Harvard Medical school: Harvard Health Publishing, Apri. 9, 2014.

Godwin, K., Almeda, M., Seltman, H., Kai, S, Skerbetz, M, Baker, R., & Fisher, A. (2016). Off-task behavior in elementary school children. Learning and Instruction, 44, 128-143.

Goudas M., Dermitzaki I., Leondari A., & Danish, S. (2006). The effectiveness of teaching a life skills program in a sport context. Eur J Psychol Educ, 21, 429-438.

Grieco, L., Jowers, E., Errisuriz, V., & Bartholomew, J. (2016). Physically active vs. sedentary academic lessons: A dose response study for elementary student time on task. Prev Med., 89, 98–103.

Grissom, J. (2005). Physical fitness and academic achievement. Journal of Exercise Physiology, 8(1), 11–25.

Grow, G. (1991). "Teaching learners to be self-directed," Adult Education Quarterly, 41(3), 125–149.

Guglielmino, L (1978). Development of the self-directed learning readiness scale. (Doctoral dissertation, University of Georgia, 1977). Dissertation Abstracts International, 38, 6467A.

Guglielmino, L., & Hillard, L. (2007). Self-directed learning of exemplary principals. International Journal of Self-Directed Learning, 4(2), 19-37.

Guthold, R., Stevens, G., Riley, L., & Bull, F. (2020). Global trends in insufficient physical activity among adolescents: a pooled analysis of 298 population-based surveys with 1·6 million participants. Lancet Child Adolesc Health, 4, 23–35.

Guzel, I., & Can, F. (2024). cognitive and physical functions in dementia patients: A randomized comparative study. Archives of Gerontology and Geriatrics, 2024-04-01, Volume 119, Article 105321.

Hamid, R., Kamaruzaman, S., Ali, S., Daud, M., Abdullah, M., Maliki, A., & Sukono, M. (2023). The Effectiveness of Five Minutes Callisthenic Exercise on Depression, Anxiety and Stress Levels among Form Four Students. International Journal of Human Movement and Sports Sciences, 11(2): 440-449.

Han, C. Sun, W., Zhang, D., Xi, X., Zhang, R., & Gong, W. (2022). Effects of different aerobic exercises on the global cognitive function of the elderly with mild cognitive impairment: a meta-analysis. BMJ Open. 2023; 13(6): Published online 2023 Jun 30. doi: 10.1136/bmjopen-2022-067293.

Harvard Medical School (2021). Music and health. Harvard Health Publishing, September 11, 2021.

Harvard Medical School (2023). Mind & Mood: Exercise can boost your memory and thinking skills. Oct. 20, 2023.

Harvard TH Chan (2024). How air pollution impacts our brains. School of Public Health: Event data, Feb. 27, 2024.

Hascher, T., & Hagenauer, G. (2018). Die Bedeutung von Qualitätsfaktoren des Unterrichts und Lernemotionen für das Wohlbefinden in der Schule. In G. Hagenauer & T. Hascher (Hrsg.), Emotionen und Emotionsregulation in Schule und Hochschule (pp. 103–120). Waxmann.

Healthdirect (2024). Exercise and mental health. Healthdirect Australia Newsletter, Apr. 3, 2024.

Herrera-Agudelo, L., Aguirre-Loaiza, H., Díaz, M., & Múñoz, A. (2021). Metacognitive process and levels of physical activity in university students. Revista Tesis Psicológica, 16(2), 68-82.

Heyes, C., Bang, D., Shea, N., Frith, C., & Fleming, S. (2020). Knowing Ourselves Together: The Cultural Origins of Metacognition. Trends Cogn Sci., 24(5), 349–362.

Hill, M., Peters, M., Salvaggio, M., Vinnedge, J., & Darden, A. (2020). Implementation and evaluation of a self-directed learning activity for first-year medical students. Med. Educ. Online 2020, 25, 1717780.

Hillman, C., Erickson, K., & Kramer, A. (2008). Be smart, exercise your heart: Exercise effects on brain and cognition. Nature Reviews Neuroscience, 9(1), 58–65.

Hillman, C., Pontifex, B., Raine, L., Castelli, D., Hall, E., & Kramer, A. (2009). The effect of acute treadmill walking on cognitive control and academic achievement in preadolescent children. Neuroscience, 159(3), 1044-1054.

Howard, E. (2023). Oxytocin: The love hormone. Harvard Medical School Harvard Health Publishing, Jun. 13, 2023.

Hsieh, S., Chueh, T., Huang, C., Kao, S., Hillman, C., & Chang, Y. (2021). Systematic review of the acute and chronic effects of high-intensity interval training on executive function across the lifespan. Journal of Sports Sciences, 39(1), 10-22

Huggins-Cooper, A. (2023). Forest Bathing for Health: How Nature Nurtures Wellbeing. medical, and life sciences News Medical, Oct 5, 2023.

Hunt, L. (2022). The Benefits of Clapping. Linked in, Nov. 27, 2022.

Idler, G., & Gerding, L. (2021). Physical Education and Movement in Waldorf Schools: Edinburgh, Scotland. Floris Books.

Jacobson, R. (2024). ADHD and Exercise: Child Mind Institute: Annual Reports, Feb. 6, 2024.

James, J., Pringle, A., Mourton, S., & Roscoe, C. (2023). The Effects of Physical Activity on Academic Performance in School-Aged Children: A Systematic Review. Department of Sport and Exercise Science, Clinical Exercise and Rehabilitation Research Centre: Children, 10(6), 10-19.

Janeczko, E., Górski, J., Woźnicka, M., Czyżyk, K., Kędziora, W., & Korcz, N. (2023). Physical Activity in Forest and Psychological Health Benefits: A Field Experiment with Young Polish Adults. Forests 2023, 14(9), 1904; https://doi.org/10.3390/f14091904.

Jarrett, O., Maxwell, D, Dickerson, C., Hoge, P., Davies, G., & Yetley, A. (1998). Impact of recess on classroom behavior: Group effects and individual differences. Journal of Educational Research. 92(2), 121–126.

Jarský, V. Palátová, P., Riedl, M., Zahradník, D., Rinn, R., & Hochmalová, M. (2022). Forest Attendance in the Times of COVID-19— A Case Study on the Example of the Czech Republic. Int. J. Environ. Res. Public Health 2022, 19(5), 2529; https://doi.org/10.3390/ijerph19052529.

Jossberger, H., Brand-Gruwel, S., Wiel, V., Boshuizen, H. (2018). Learning in Workplace Simulations in Vocational Education: A Student Perspective. Vocat. Learn, 11, 179–204.

Judge, S., & Jahns L. (2007). Association of overweight with academic performance and social and behavioral problems: an update from the early childhood longitudinal study. J. Sch. Health, 77, 672–678.

Kakinuma, K., Nakai, M., Hada, Y., Kizawa, M., & Tanaka, A. (2020). Praise affects the "praiser": Effects of ability-focused vs. Effort-focused praise on motivation. Journal of Experimental Education, 90(4), 634-655

Kao, S., Westfall, D., Soneson, J., Gurd, B., & Hillman, C. (2017). Comparison of the acute effects of high-intensity interval training and continuous aerobic walking on inhibitory control. Psychophysiology, 54(9), 1335–1345.

Kao, S., Drollette, E., Ritondale, J., Khan, N., & Hillman, C. (2018). The acute effects of high-intensity interval training and moderate-intensity continuous exercise on declarative memory and inhibitory control. Psychology of Sport and Exercise, 38, 90–99.

Kennedy, J. (1960). Sport at the New Frontier: The Soft American.. Sports Illustrated, 13(26), 14-17.

Kibbe, D., Hackett, J., Hurley, M., McFarland, A., Schubert, K., Schultz, A., & Harris, S. (2011). Ten years of TAKE 10!®: Integrating physical activity with academic concepts in elementary school classrooms. Preventive Medicine. 52(Suppl): S43–S50.

KidsHealth (2020). Physical activity: Benefits of exercise for health and wellbeing. The Hospital for Sick Children. Newsletter for Health Education, May 22, 2020.

Knight, N., Lee, G., Massonnié, K., Gaspard, H., Gooch, D., Querstret, D., & Johnstone, N. (2022). Does Taekwondo improve children's self-regulation? If so, how? A randomized field experiment. Developmental Psychology, 58(3), 522–534.

Knowles, M. (1975). Self-directed Learning: A Guide for Learners and Teachers, Association Press, New York, NY, USA.

Knowles, M. (1980). The Modern Practice of Adult Education: From Pedagogy to Andragogy, Association Press, Chicago, IL, USA.

Koltuska-Haskin, B. (2023). Can the Sounds of Nature Help Heal Our Body and Brain? Psychology Today, Aug. 28, 2023.

Komiyama, T., Tanoue, Y., Sudo, M., Costello, J. T., Uehara, Y., Higaki, Y., & Ando, S. (2020). Cognitive impairment during high-intensity exercise: Influence of cerebral blood flow. Med. Sci. Sports Exerc. 52, 561–568.

Konopka, L. (2015). How exercise influences the brain: a neuroscience perspective. Croatian Medical Journal, 56(2), 169–171.

Korpela K., Borodulin K., Neuvonen M., Paronen O., & Tyrväinen L. (2014). Analyzing the mediators between nature-based outdoor recreation and emotional well-being. J. Environ. Psychol, 37, 1–7.

Lambrick, D., Stoner, L., Grigg, R., & Faulkner, J. (2016). Effects of continuous and intermittent exercise on executive function in children aged 8–10 years. Psychophysiology, 53(9), 1335–1342.

Lande, S.(2024). 5 Types of Exercise That Boost Brain Health. Real Simple data, Jan. 30, 2024.

Lauren, A. (2022). Is It Bad to Work Out the Same Way Every Time You Exercise? Real Simple data, Nov. 2, 2022.

Lee, S., Charles, S., & Almeida, D. (2021). Change Is Good for the Brain: Activity Diversity and Cognitive Functioning Across Adulthood. The Journals of Gerontology: Series B, 76(6), 1036–1048.

Leigh, E., & Clark, D. (2018). Understanding Social Anxiety Disorder in Adolescents and Improving Treatment Outcomes: Applying the Cognitive Model of Clark and Wells(1995). Clinical Child and Family Psychology Review.

Liegro, C., Schiera, G., Proia, P., & Liegro, I. (2019). Physical Activity and Brain Health. Genes (Basel). 2019 Sep; 10(9): 720. doi: 10.3390/genes10090720.

Linked In (2023a). Harnessing the Power of Negative Ions: The Health Benefits for Mankind. News letter, Jul. 20, 2023.

Linked In (2023b). The Importance of Concentration for Kids' Learning and Development. Linkid In News letter, Feb. 14, 2023.

Liu, G., Li, W., & Li, X. (2023). Striking a balance: how long physical activity is ideal for academic success? Based on cognitive and physical fitness mediation analysis. ORIGINAL RESEARCH article. Front. Psychol., https://doi.org/10.3389/fpsyg.2023.1226007.

Liu, J., & Shi, H. (2023). Finger exercise effects on cognitive functions in older adults with MCI/AD/dementia: A systematic review and meta-analysis of randomized controlled trials. Brain Behavior and Immunity Integrative, Volume 4, December 2023, https://doi.org/10.1016/j.bbii.2023.100034.

Lloreda, C. (2023). Is exercise actually good for the brain? New research suggests the cognitive benefits of physical activity are not so clear-cut. Science, Jun. 30, 2023.

Loeng, S. (2020). Self-Directed Learning: A Core Concept in Adult Education. Education Research International. Volume 2020, https://doi.org/10.1155/2020/3816132.

Long, H. (1989). "Self-directed learning: merging theory and practice," in Self-directed Learning Merging Theory and Practice, H. B. Long, Ed., Research Center for Continuing Professional and Higher Education of the University of Oklahoma, Oklahoma, USA.

Maliwanag, R., Umali, M., & Alvestir, J. (2019). The Effect of Calisthenics on the Sustained Attention of Male High School Students. ResearchGate GmbH, DOI: 10.13140/RG.2.2.14193.43362.

Marcella, J. (2023). Physical Education in Medieval Times: Understanding Historical Perspectives(Sep 5, 2023). dvaita.org.

Marchetti R., Forte R., Borzacchini M., Vazou, S., Tomporowski, P., & Pesce, C. (2015). Physical and motor fitness, sport skills and executive function in adolescents: a moderated prediction model. Psychology, 6(14), 1915-1929.

Martin, R., & Murtagh, E. (2017). Effect of Active Lessons on Physical Activity, Academic, and Health Outcomes: A Systematic Review. Res Q Exerc Sport, 88(2), 149-168.

Mayo Clinic (2022). Exercise and stress: Get moving to manage stress. Mayo Foundation for Medical Education and Research, Aug. 03, 2022.

McLoughlin, E., Fletcher, D., Slavich, G., Arnold, R., & Moore, L. (2021). Cumulative lifetime stress exposure, depression, anxiety, and well-being in elite athletes: A mixed-method study. Psychol. Sport Exerc. 52:101823. doi: 10.1016/j.psychsport.2020.101823.

Mear, E., Gladwell, V., & Pethick, J. (2022). The Effect of Breaking Up Sedentary Time with Calisthenics on Neuromuscular Function: A Preliminary Study. Int. J. Environ. Res. Public Health, 19(21), 14597; https://doi.org/10.3390/ijerph192114597.

Meeusen R., & Demeirleir K. (1995). Exercise and brain neurotransmission. Sports Medicine, ;20(3), 160–188.

Melancon M., Lorrain D., & Dionne I. (2014). Changes in markers of brain serotonin activity in response to chronic exercise in senior men. Appl. Physiol. Nutr. Metab., 39, 1250–1256.

Melo, H., Silva, N., & Grillo, C. (2022). Editorial: The Impact of Obesity on Cognitive Function. Front. Neurosci., Sec. Neuroenergetics and Brain Health, Volume 16 - 2022 | https://doi.org/10.3389/fnins.2022.916243.

Mehren, A., Özyurt, J., Lam, A., Brandes, M., Thiel, C., & Philipsen, A. (2019). Acute Effects of Aerobic Exercise on Executive Function and Attention in Adult Patients With ADHD. Front. Psychiatry, 26 March 2019, Sec. Neuroimaging Volume 10-2019. https://doi.org/10.3389/fpsyt.2019.00132.

Mehren, A., Reichert, M., Coghill, D., Müller, H., Braun, N., & Philipsen, A. (2020). Physical exercise in attention deficit hyperactivity disorder–evidence and implications for the treatment of borderline personality disorder. Borderline Personal Disord Emot Dysregul. 2020; 7: 1. Published online 2020 Jan 6. doi: 10.1186/s40479-019-0115-2.

Mezghani, N., Ammar, A., Alzahrani, T., Abedelmalek, A., Trabelsi, O., Abdallah, S., H'mida, C., Boukhris, O., Masmoudi, L., Trabelsi, K., & Chtourou, H. (2022). Listening to Music and Playing Activities during Recreation between Lessons Regenerate Children's Cognitive Performance at Different Times of Day. Children (Basel). 2022 Oct; 9(10): 1587. Published online 2022 Oct 20. doi: 10.3390/children9101587.

Montalva-Valenzuela, F., Andrades-Ramírez, O., & Castillo-Paredes, A. (2022). Effects of Physical Activity, Exercise and Sport on Executive Function in Young People with Attention Deficit Hyperactivity Disorder: A Systematic Review. European Journal of Investigation in Health, Psychology and Education, 2022, 12(1), 61-76.

Mullender-Wijnsma, M., Hartman, E., Greeff, J., Bosker, R., Doolaard, S., & Visscher, C. (2015). Improving academic performance of school-age children by physical activity in the classroom: 1-year program evaluation. J Sch Health. 85(6), 365–371.

Murrar, S., Isenberg, N., Niedenthal, P., & Brauer, M. (2019). Shame and guilt among ice hockey players in the penalty box. Motivat. Emot., 43, 940–947.

Murray, D. W., & Rosanbalm, K. (2017). Promoting self-regulation in adolescents and young adults: A practice brief (OPRE Report 2015-82). Washington, DC: Office of Planning, Research and Evaluation, Administration for Children and Families, U.S. Department of Health and Human Services.

My Fitness (2024). What effect does calisthenics have on the brain? My Fitness, Categories: Bodyweight exercises, Apr. 3, 2024. https://myfitnessgear.co.uk.

Nail, J., Christofferson, J., Ginsburg, G., Drake, K., Kendall, P., & McCracken, J. (2015). Academic impairment and impact of treatments among youth with anxiety disorders. Child & Youth Care Forum, 44(3), 327–342.

Naito, T., Suzuki, Y., Yamasue, K., Saito, K., Umemura, M., Kojima, N., Kim, H., Osuka, Y., Ishikawa, Y., & Tochikubo, O. (2023). Relationship between Cognitive Function and Sway of Body in Standing Posture: A Cross-Sectional Study. Geriatrics Published online 2023 Feb. 25. doi: 10.3390/geriatrics8020029.

Nan, W., Yulu, C.,1 Jinhua, Y. & Fei, L. (2017). Childhood Obesity and Academic Performance: The Role of Working Memory. Front Psychol. 2017; 8: 611. Published online 2017 Apr 19. doi: 10.3389/fpsyg.2017.00611.

National Academies Press (2013). Physical Activity, Fitness, and Physical Education: Effects on Academic Performance. In Educating the Student Body: Taking Physical Activity and Physical Education to School. Committee on Physical Activity and Physical Education in the School Environment; Food and Nutrition Board; Institute of Medicine; Kohl HW III, Cook HD, editors. Washington (DC): National Academies Press(US).

National Center for Chronic Disease Prevention and Health Promotion (2023). Physical Activity Boosts Brain Health: Feb. 24, 2023.

New York State Government (2024). Immerse Yourself In A Forest For Better Health. Department of Environmental Conservation, News letter, 15, Mar. 2024.

NHS (2024). Physical activity guidelines for children (under 5 years). United Kingdom National Health Service, Apr. 10, 2024.

Northey, J., Cherbuin, N., Pumpa, K., Smee, D., & Rattray, B. (2018). Exercise interventions for cognitive function in adults older than 50: a systematic review with meta-analysis. British Journal of Sports Medicine, 52(3), 154-160.

Norton, A., Abbott, M.(2016). Self-focused cognition in social anxiety: A review of the theoretical and empirical literature. Behaviour Change, 33(1), 44–64.

Ochiai, H., Song, C., Jo, H., Oishi, M., Imai, M., & Miyazaki, Y. (2020). Relaxing effect induced by forest sound in patients with gambling disorder. Sustainability 2020, 12(15), 59-69.

OECD(2019), OECD Skills Outlook 2019: Thriving in a Digital World, OECD Publishing, Paris.

OECD(2021). OECD Skills Outlook 2021. Attitudes and dispositions: The foundations of lifelong learning. OECD Publishing, Paris.

Orso, S., Hamstreet, T., & Muceli, S. (2023). The "Little Person" in the Brain Who Helps to Direct Our Movements. Frontiers, Jan. 16, 2023.

Paiva, W. (2023) Rousseau's Emile: Discussing the Convergence between Philosophy and Education. International Journal of Latest Research in Humanities and Social Science, 6(2), 196-206.

Palmer, M., Stefanidis, K., Turner, A., & Tranent, P. (2019). Acute Physical Exercise Can Infuence the Accuracy of Metacognitive Judgments. Scientific Reports 9(1), DOI:10.1038/s41598-019-48861-3

Pantzar, A., Jonasson, L., Ekblom, Ö., Boraxbekk, C., & Ekblom, M. (2018). Relationships Between Aerobic Fitness Levels and Cognitive Performance in Swedish Office Workers. Sec. Movement Science, 9, https://doi.org/10.3389/fpsyg.2018.02612.

Papousek, I., Nauschnegg, K., Paechter, M., Lackner, H. K., Goswami, N., & Schulter, G. (2010). Trait and state positive affect and cardiovascular recovery from experimental academic stress. Biological Psychology, 83, 108-115.

Pekrun, R., Murayama, K., Marsh, H. W., Goetz, T., & Frenzel, A. C. (2019). Happy fish in little ponds: Testing a reference group model of achievement and emotion. Journal of Personality and Social Psychology, 117(1), 166-185.

Pellegrini, A., & Bohn, C. (2005). The role of recess in children's cognitive performance and school adjustment. Educational Researcher, 34(1), 13–19.

Pellegrini A., Huberty, P., &, Jones I. (1995). The effects of recess timing on children's playground and classroom behaviors. American Educational Research Journal, 32(4), 845–864.

Peng, Y., & Zhou, C. (2016). The time course effect of acute aerobic exercise on working memory of female undergraduates. Chin J Sports Med., 35, 473–477.

Perry, E. (2022). What are happy hormones and how can you boost them? BetterUp Article, November 23, 2022.

Pesce C., Marchetti R., Forte R., & Crova, C. (2016). Youth life skills training: exploring outcomes and mediating mechanisms of a group-randomized trial in physical education. Sport Exerc Perform Psychol., 5, 1-16.

Physiopedia (2024). Coordination Exercises. Physiopedia in UK data, Apr. 5, 2024.

Play and Playground Encyclopedia (2023). Johann Heinrich Pestalozzi. pgpedia.com.

Pontifex, M., Scudder, M., Drollette, E., & Hillman, C. (2012). Fit and vigilant: The relationship between sedentary behavior and failures in sustained attention during preadolescence. Neuropsychology, 26(4), 407–413.

Povell, P. (2007). Maria Montessori: portrait of a young woman. Montessori Life: A Publication of the American Montessori Society, 19(1), 22-24.

Pratt, D. (1993). "Andragogy after twenty-five years," in An Update on Adult Learning Theory(pp. 15–23). New Directions for Adult and Continuing Education, S. B. Merriam, Ed., vol. 57, Jossey-Bass Publishers, San Francisco, CA, USA.

Purtell, K., & Gershoff, E. (2015). Fast food consumption and academic growth in late childhood. Clin. Pediatr. 54, 871–877.

Rasberry, C.,; Lee, S., Robin, L., Laris, B., Russell, L., Coyle, K., & Nihiser, A. (2011). The association between school-based physical activity, including PE, and academic performance: A systematic review of the literature. Prev. Med., 52, 10–20.

Ratcliffe, E. (2021). Sound and soundscape in restorative natural environments: a narrative literature review. Front. Psychol., 26 April 2021. Sec. Environmental Psychology, https://doi.org/10.3389/fpsyg.2021.570563

Ratey, J., & Hagerman, E. (2008). Spark: The Revolutionary New Science of Exercise and the Brain. Little, Brown and Co.

Reed, J., Einstein, G., Hahn, E., Hooker, S., Gross, V., & Kravitz, J. (2010). Examining the impact of integrating physical activity on fluid intelligence and academic performance in an elementary school setting: A preliminary investigation. Journal of Physical Activity and Health, 7(3), 343–351.

Riegel, K., & Evans, T. (2021).Student achievement emotions: Examining the role of frequent online assessment. Australasian Journal of Educational Technology, 37(6), 75-87.

Reigal, R., Vázquez-Diz, J., Morillo-Baro, J., Hernández-Mendo, A., & Morales-Sánchez, V. (2020). Psychological profile, competitive anxiety, moods and self-efficacy in beach handball players. Int. J. Environ. Res. Public Health 17:241. doi: 10.3390/ijerph17010241.

Renteria, I., Suárez, P., Fry, A., & Moncada-Jiménez, J. (2022). The Molecular Effects of BDNF Synthesis on Skeletal Muscle: A Mini-Review. Physiology 13:934714. DOI:10.3389/fphys.2022.934714.

Reynolds, G. (2023). How exercise leads to sharper thinking and a healthier brain. The Washington Post, April 5, 2023.

Reynolds, G. (2024). How exercise increases brain volume and may slow memory decline. The Washington Post, January 24, 2024.

Riglin L., Petrides, K., Frederickson, N., & Rice F. (2014). The relationship between emotional problems and subsequent school attainment: A meta-analysis. Journal of Adolescence, 37(4), 335–346.

Roberts, C., Freed, B., & McCarthy, W. (2010). Low aerobic fitness and obesity are associated with lower standardized test scores in children. J Pediatr., 156(5), 711-718.

Rogge, A., Röder, B., Zech, A., Nagel, V., Hollander, K., Braumann, K., Hötting, K., (2023). Balance training improves memory and spatial cognition in healthy adults. US Clinical Trials Registry: Publications, April 5, 2023.

Rosenthal, R., & Jacobson, L. (1968). Pygmalion in the classroom: Teacher expectation and pupils' intellectual development. Holt, Rinehart & Winston.

Rosenthal, R., & Babad, E. (1985). Pygmalion in the gymnasium. Educational leadership, 43 (1), 36-39.

Rousseau, J. (1762). Emile: Or On Education(translation and notes by Bloom, A. in 1979). New York: Basic Books.

Ryan L. Olson, R., Cleveland, D., Materia, M. (2023). Effects of Low-Intensity Aerobic Exercise on Neurophysiological and Behavioral Correlates of Cognitive Function. Behav Sci (Basel). 2023 May; 13(5): 401. Published online 2023 May 10. doi: 10.3390/bs13050401.

Sallis, J., McKenzie, T., Kolody, B., Lewis, M., Marshall, S., & Rosengard, P. (1999). Effects of health-related physical education on academic achievement: Project SPARK. Research Quarterly for Exercise and Sport, 70(2), 127–134.

Salminen, L., Schofield, P., Pierce, K., Lane, E., Heaps, J., Bolzenius, J., Baker, L., Luo, X., & Paul, R. (2014). Triallelic relationships between the serotonin transporter polymorphism and cognition among healthy older adults. Int. J. Neurosci., 124, 331–338.

Samani, A., & Heath, M. (2018). Executive-related oculomotor control is improved following a 10-min single-bout of aerobic exercise: Evidence from the antisaccade task. Neuropsychologia, 108(8), 73-81.

Schoneveld, E., & Brummelman, E. (2023). "You did incredibly well!": teachers' inflated praise can make children from low-SES backgrounds seem less smart (but more hardworking). NPJ Sci Learn. 2023 Sep 1;8(1):31. doi: 10.1038/s41539-023-00183-w.

Schweder, S., & Raufelder, D. (2019). Positive emotions, learning behavior and teacher support in self-directed learning during adolescence: Do age and gender matter? Journal of Adolescence, 73, 73-84.

Seifert, T., & Secher, N. (2011). Sympathetic influence on cerebral blood flow and metabolism during exercise in humans. Prog. Neurobiol., 95, 406–426.

Shiffman, M. (2011). De Anima: On the Soul, Newburyport, MA: Focus Publishing/R. Pullins Co (Britannica(2024). On the Soul: work by Aristotle. www.britannica.com. Mar. 29, 2024██ ████).

Srikanth, S., Petrie, T., Greenleaf, C., & Martin, S. (2015). The Relationship of Physical Fitness, Self-Beliefs, and Social Support to the Academic Performance of Middle School Boys and Girls. J Early Adolesc, 35(3), 353-377.

Suldo, S., Thalji-Raitano, A., Hasemeyer, M., Gelley, C., & Hoy, B. (2013). Understanding middle school students' life satisfaction: Does school climate matter? Applied Research in Quality of Life, (8)2, 169-182.

Stillman, C., Esteban-Cornejo, I., Brown, B., Bender, C., & Erickson, K. (2020). Effects of exercise on brain and cognition across age groups and health states. Trends Neurosci., 43, 533–543.

Stimpson, N., Davison, G., & Javadi, A. (2018). Joggin' the noggin: towards a physiological understanding of exercise-induced cognitive benefits. Neurosci. Biobehav. Rev., 88, 177–186.

Stingl K., Kullmann, S., Ketterer, C., Heni, M., Haring, H., Fritsche A., & Preissl, H. (2012). Neuronal correlates of reduced memory performance in overweight subjects. Neuroimage, 60, 362–369.

Stone, B., Beneda-Bender, M., Mccollum, D., Sun, J., Shelley, J., Ashley, J., Fuenzalida, E., & Kellawan, M. (2020). Understanding cognitive performance during exercise in reserve officers'. training corps: Establishing the executive function-exercise intensity relationship. J. Appl. Physiol., 129, 846–854.

Suldo, S., Thalji-Raitano, A., Hasemeyer, M., Gelley, C., & Hoy, B. (2013). Understanding middle school students' life satisfaction: Does school climate matter? Applied Research in Quality of Life, (8)2, 169-182.

Surgent, O., Dadalko, O., Pickett, K., Traversa, B. (2019). Balance and the Brain: A Review of Structural Brain Correlates of Postural Balance and Balance Training in Humans. Gait Posture, 71, 245–252.

Suzuki, W. (2021a). A neuroscientist shares the 4 brain-changing benefits of exercise—and how much she does every week. CNBC: HEALTH AND WELLNESS, 2021 Oct. 22.

Suzuki, W. (2021b). A neuroscientist shares the 6 exercises she does every day to build resilience and mental strength. CNBC: SUCCESS, 2021. AUG. 31.

Swanson, H. (2014). Working memory and phonological processing as predictors of children's mathematical problem solving at different ages. Mem. Cogn., 32, 648–661.

Tatlah, I., Masood, S., & Amin, M. (2019). Impact of Parental Expectations and Students' Academic Self-Concept on Their Academic Achievements. Journal of Research and Reflections in Education, 13(2), 170-182.

Taylor, A., & Kuo, F. (2009). Children with Attention Deficits Concentrate Better After a Walk in the Park. Journal of Attention Disorders, 12(5): 402-409.

The Educator (2020). How a positive attitude can boost academic outcomes. The Educator Newsletter, Nov. 9, 2020.

The Learning Center (2024). Movement and Learning. Research data in University North Carolina-Chapel Hill.

Thomas, A., Dennis, A., Bandettini, P., & Johansen-Berg H. (2012). The effects of aerobic activity on brain structure. Front. Psychol., doi: 10.3389/fpsyg.2012.00086.

Tipton, C.(2014). The history of "Exercise is Medicine" in ancient civilizations. Advances in Physiology Education, 38(2), 109-117.

Toit-Brits, C. (2019). A focus on self-directed learning: The role that educators' expectations play in the enhancement of students' self-directedness. S. Afr. J. Educ., 39, 1–11.

Tomporowski, P., Pendleton, D., & McCullick, B. (2017). Varieties of learning and developmental theories of memory: In Physical Activity and Educational Achievement(cha. 2): Insights from Exercise Neuroscience, 9. London: Routledge.

Tomporowski P., McCullick B., Pendleton D., & Pesce, C. (2014). Exercise and children's cognition: the role of exercise characteristics and a place for metacognition. J Sport Heal Sci., 4, 47-55.

Tough, A. (1967). Learning without a Teacher: A Study of Tasks and Assistance during Adult Self-Teaching, Ontario Institute for Studies in Education, Toronto, ON, USA, 1967.

Trinidad, J. (2019). Understanding when parental aspirations negatively affect student outcomes: The case of aspiration-expectation inconsistency. Studies in Educational Evaluation, 60, 179-188.

United Kingdom National Health Service (2024). Centers for Disease Control and Prevention (CDC) 2024.

Vaishnavee, V. (2023). The Power of Positive Thinking: Empowering Students for Success. Linked-In Newletter, Jul. 4, 2023.

Van Dijk M., De Groot R., Savelberg H., Van Acker F., & Kirschner P. (2014). The association between objectively measured physical activity and academic achievement in Dutch adolescents: Findings from the GOALS study. J. Sport Exerc. Psychol., 36, 460–473.

Van Dusen, D., Kelder, S., Kohl, H., Ranjit, N., & Perry, C. (2011). Associations of physical fitness and academic performance among schoolchildren. Journal of School Health, 81(12), 733–740.

Vilgis, V., Silk, T., & Vance, A. (2015). Executive function and attention in children and adolescents with depressive disorders: a systematic review. European Child & Adolescent Psychiatry. 24(4), 365–384.

Voskamp, A., Kuiper, E., & Volman, M. (2022). Teaching practices for self-directed and self-regulated learning: Case studies in Dutch innovative secondary schools. Educ. Stud., 48, 772–789.

Walt, J. (2019). "The term "Self-Directed learning"-back to Knowles, or another way to forge ahead?" Journal of Research on Christian Education, 28(1), 1–20.

Waters, L. (2016). The relationship between child stress, child mindfulness and parent mindfulness. Psychology, 7(1), 40-51.

Wechsler, H., Brener, N., Kuester, S., & Miller, C. (2001). Food service and food and beverage available at school: Results from the School Health Policies and Programs Study. Journal of School Health, 71(7), 313–324.

Weeden, M.(2023). 18 Resons trees are good for our health. One Tree Planted Data, May 30, 2023.

Welk, G., Jackson, A., Morrow, J., James, R., Haskell, W., Meredith, M.,, & Cooper, K. (2010). The association of health-related fitness with indicators of academic performance in Texas schools. Research Quarterly for Exercise and Sport. 81(2), 16–23.

Wilckens, K., Stillman, C., Waiwood, A., Kang, C., Leckie, R., Peven, J., Foust, J., Fraundorf, S., & Erickson, K. (2021). Exercise interventions preserve hippocampal volume: a meta-analysis. Hippocampus, 31, 335–347.

Williams, V. (2022). This Is Exactly What Happens to Your Brain During and After Exercise. Peloton Report, May 4, 2022.

Wilke, J., Giesche, F., Klier, K., Vogt, L., Herrmann, E., & Banzer, W. (2019). Acute effects of resistance exercise on cognitive function in healthy adults: A systematic review with multilevel meta-analysis. Sports Medicine, 49(6), 905–916.

Winter, B., Breitenstein, C., Mooren, F., Voelker, K., Fobker, M., Lechtermann, A., Krueger, K., Fromme, A., Korsukewitz, C., Floel, A., & Knecht, S. (2007). High impact running improves learning. Neurobiol Learn Mem., 87(4), 597–609.

Wong, K. & Lienteh, W. (1936). History of Chinese Medicine: Being a Chronicle of Medical Happenings in China from Ancient Times to the Present Period(2d Ed.). Shanghai, National Quarantine Service.

World Health Organization. (2022). Physical activity: 5 October 2022, 4-17.

Young-Jones, A., McCain, J., & Hart, B. (2022). Let's Take a Break: The Impact of Physical Activity on Academic Motivation. International Journal of Teaching and Learning in Higher Education, 33(2), 110-118.

Yu, C., Chan, S., Cheng, F., Sung, R., & Hau, K. (2006). Are physical activity and academic performance compatible? Academic achievement, conduct, physical activity and self-esteem of Hong Kong Chinese primary school children. Educ. Stud., 32, 333–341.

Zabriskie, H., & Heath, E. (2019). Effectiveness of Studying When Coupled with Exercise-Induced Arousal. International Journal of Exercise Science, 12(5), 979–988.

Zimmerman, B. (2002). Becoming a self-regulated learner: An overview. Theory Into Practice, 41, 64-70.

Zimmerman, B., & Anastasia, K. (2005). The Hidden Dimension of Personal Competence: Self-Regulated Learning and Practice. In A. J. Elliot & C. S. Dweck (Eds.), Handbook of competence and motivation (pp. 509–526). Guilford Publications.

Zhang Z., Wang B., & Fei A. (2019). BDNF Contributes to the Skeletal Muscle Anti-atrophic Effect of Exercise Training through AMPK-Pgc1α Signaling in Heart Failure Mice. Arch Med Sci., 15, 214–222.

Zheng, K., Zou, L., Wei, G., & Huang, T. (2021). Concurrent performance of executive function during acute bouts of exercise in adults: a systematic review. Brain Sci. 11:1364. doi: 10.3390/brainsci11101364.

Zundel, C. (2022). Air pollution harms the brain and mental health, too – a large-scale analysis documents effects on brain regions associated with emotions. The Conversation, Nov. 21, 2022.

이렇게
운동해야
성적 오른다

초판 1쇄 발행   2025. 2. 27.

지은이   손준구
펴낸이   김병호
펴낸곳   주식회사 바른북스

편집진행   김재영
디자인   김민지

등록   2019년 4월 3일 제2019-000040호
주소   서울시 성동구 연무장5길 9-16, 301호 (성수동2가, 블루스톤타워)
대표전화   070-7857-9719 | **경영지원**   02-3409-9719 | **팩스**   070-7610-9820

•바른북스는 여러분의 다양한 아이디어와 원고 투고를 설레는 마음으로 기다리고 있습니다.

이메일   barunbooks21@naver.com | **원고투고**   barunbooks21@naver.com
홈페이지   www.barunbooks.com | **공식 블로그**   blog.naver.com/barunbooks7
공식 포스트   post.naver.com/barunbooks7 | **페이스북**   facebook.com/barunbooks7

ⓒ 손준구, 2025
ISBN 979-11-7263-244-1 03370